知識ゼロからの寅さん入門

川本三郎●監修
岡村直樹
藤井勝彦●著

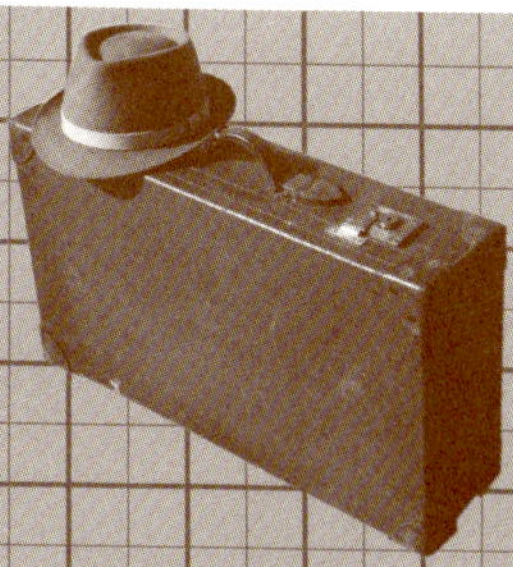

幻冬舎

「男はつらいよ」とは?

「男はつらいよ」シリーズを観《み》ると、
困難に立ち向かっていく知恵と勇気が生まれる。
長い長い人生を、生き抜く力が実感できる。
森《しん》羅《ら》万《ばん》象《しょう》を慈《いつく》しみ、家族や友人を愛することができる。
目標に向かって邁《まい》進《しん》する元気がわいてくる。
日本に生まれて良かった！　と感じることができる。
だから老《ろう》若《にゃく》男《なん》女《にょ》、みんなに観てほしい。
そんな映画が「男はつらいよ」シリーズです。

◉輝き続ける「国民的映画」

この映画は「はじめから古い。だから今も古びない」

【評論家】川本三郎

「男はつらいよ」の成功の一因は、何よりもまず渥美清《あつみきよし》演じる車寅次郎《くるまとらじろう》を旅から旅への自由人に設定したことだろう。実際にこういうテキ屋がいるかどうかはわからないが、物語のうえでは、旅する渡世人《とせいにん》という寅が実に魅力的に見える。

日本人の大多数は、だんご屋を営むおいちゃん、おばちゃん夫婦や、印刷所で働く博《ひろし》とその妻(寅の妹)さくらのように、決まった仕事を持ち、家庭を大事にするかたぎである。彼ら大多数の定住者に対し、寅は気ままな旅を続ける流れ者である。かたぎの人間から見れば、社会の外にいるはみだし者である。困った人間ではあるが、その自由な生き方はどこか羨《うらや》ましいものがある。

「男はつらいよ」は、寅というアウトサイダーと、おいちゃんや博たち、かたぎの生活者の両方を見すえているところに面白さがある。寅はおいちゃんたちの住む故郷の柴又《しばまた》と、さまざまな旅先との間を行ったり来たりする。そのことで「男はつらいよ」は、柴又を舞台にしたホームドラマの部分と、寅の旅の部分とを合わせ持つ。ホームドラマは松竹映画の伝統である小市民映画の良さがあり、旅は日本人の好きな放浪の物語になる。芭蕉《ばしょう》の旅や、昭和の劇作家である長谷川伸《はせがわしん》が作り出した股旅《またたび》物《もの》の伝統を受け継ぐことになる。

「男はつらいよ」が登場した昭和44(1969)年は、日本が高度経済成長に成功し、豊かになった頃である。同時に、無理をして走ってきたために息切れし、公害問題をはじめ、豊かな社会の歪《ひず》みが現れてきた。管理社会が強まり、世の中が息苦しくなってきた。

そんな時に登場した車寅次郎は、世の中からはみ出しているがために、社会の忙しい波長に合わせることなく、自由気ままに旅暮らしを続けることができる。それが窮屈《きゅうくつ》な暮らしをしている人間には羨ましく見えた。

寅は、大仰《おおぎょう》にいえば反時代的なヒーローである。それも肩肘張《かたひじは》ることなく、ごく自然体に生きている。無論、実際には寅のように徹底した自由人はいないだろう。だから窮屈な世の中にあって、一人ぐらいはこういう人間がいてもいいのではないかという夢である。

高度成長によって確かに日本の社会は豊かに便利になったが、それと同時にそれまで長く日本人が親しんできた暮らしを捨てていった。「男はつらいよ」は、あえてその捨て去られていく昭和の暮らしにこそこだわった。「昔とは父母《ちちはは》のいませし頃を云《い》い」（川柳《せんりゅう》作家・麻生路郎《あそうじろう》）の「昔」を大事にした。

おいちゃんの家では、昭和の暮らしに欠かせなかった卓袱台《ちゃぶだい》がいまだに日常的に使われている。寅の旅はたいていは汽車の旅だし、旅先も昔懐かしい瓦《かわら》屋根の町並みを残す田舎町や、里の風景を残す山里が多い。柴又という町自体が、東京のはずれ、下町というよりは「近所田舎《きんじょいなか》」といわれた隠《かく》れ里のようなところ。変化の激しい東京の中によくこんな昔ながらの町が残っていたと思う。「男はつらいよ」の成功の一因は、柴又という町を見つけ出したことにもある。またそれに合わせるように寅をはじめ、登場人物の言葉が、昔ながらのきれいな日本語であることも注目していいだろう。流行《はや》り言葉などめったに使われない。

「男はつらいよ」は、「昔」を大事にする。いい意味で、後ろ向きの映画である。はじめから古い。だから今も古びない。

目次

シリーズでは39作までが「とらや」、40作からは「くるまや」の設定。内容によって使い分けています。

第2章　鑑賞編①　懐かしい寅さんの世界

第5章 鑑賞編④ マドンナ万華鏡

第6章 資料編「男はつらいよ」全作品ガイド

「男はつらいよ」黄金の方程式

物語の基本ストーリーを図式化しました。
（詳しくは015頁を参照）

「とらや」は叔父《おじ》夫婦が経営し、
近くに妹・さくらの一家も住んでいる。
で、帰ったのはいいのだが、
茶の間で語らううちに
些細《ささい》なことから大喧嘩《おおげんか》に発展。
寅さんは再び旅に出てしまう。

3

第11作
「寅次郎忘れな草」
（1973年）

5

しばらくするとマドンナが「とらや」を訪ねてくる（理由はさまざま）。と、そこに寅さんが帰ってきて再会。その後は、寅さんがマドンナに熱を上げ、恋愛騒動が巻き起こるが、恋敵《こいがたき》が現れて寅さんは身を引き、旅に出る。

あばよ！
達者でな。

ENDING

年に数回ほど、手《て》土産《みやげ》を提げ、故郷の柴又へ帰る

寅さん

OPENING

1

日本中を旅しながら
縁日の露店《ろてん》で日用品などを
商う車寅《くるまとら》次郎《じろう》（通称・寅さん）。

寅さんは旅商いを続けながら柴又を目指す

第1作「男はつらいよ」（1969年）

2

柴又・帝釈天参道の

とらや

題経寺《だいきょうじ》（通称・帝釈天《たいしゃくてん》）の参道で江戸時代から6代続く老舗《しにせ》だんご屋が寅さんの実家である。

シリーズでは39作までが「とらや」、40作からは「くるまや」の設定。内容によって使い分けています。

寅さん
大喧嘩して再び旅へ

マドンナ
寅さんに会いに柴又へ

4

旅先でマドンナと
知り合い、笑いあふれる楽しい
一時を過ごして別れる。

第28作「寅次郎紙風船」（1981年）

フェルト帽

寅さんは全作品でかたくなに帽子を被《かぶ》り続けている。まさに、昭和戦前のダンディズムの極致である。寅さんの帽子は、中折帽《なかおれぼう》と記されていることが多いが、実は、サンド・ベージュのフェルト素材を成形したテレスコープ（クラウンのトップに円形の凹《へこ》みをつけたもの）のフロントをつまんだピンチ・トップで、つばはスナップブリムという、なかなか凝ったもの。

腕時計

律儀《りちぎ》な寅さんは、いつも腕時計をはずさない。これは、唯一の移動手段である列車の運行時間を把握するためだ。初期の寅さんの時計は、黒文字盤のセイコーのダイバーズウオッチだと思われるが、第36作以降は白文字盤のものになった。

金の指輪

寅さんの右手薬指には、いつも金の指輪（印台《いんだい》というデザイン）が光っている。寅さんと同業の、いわゆる渡世人《とせいにん》と呼ばれる人々の多くは、金の指輪やチェーンを身に着けている。これは、いざという時、換金するためであり、素材は純金である（当時、純度がそれ以下では換金が難しかった）。

ダボシャツ

寅さんのもう一つのユニホームがダボシャツである。かつて、鳶職《とびしょく》や職人が着た「鯉口《こいくち》シャツ」から発展したもので、着た感じがダボッとしているのでその名がある。下は揃いのダボズボン。このセット、いつもパリッとプレスされているのが寅さんのこだわりである。

トレードマークの窓枠格子柄《まどわくこうしがら》のダブルを脱いだ寅さん

初期作の七変化!?

小格子《こごうし》のシングルのジャケット（第3作「フーテンの寅」1970年／写真左）。さくらの結婚式には紋付《もんつき》・羽織袴姿《はおりはかますがた》を見せる（第1作「男はつらいよ」1969年）。葬儀にはモーニングでのぞみ（第8作「寅次郎恋歌」1971年／写真右）、自身の見合いには友人から借りたグレイのスーツ、ハワイ行にはアロハシャツと白のブレザースーツ。また、寒い季節には、ウインドブレーカーやトレンチコート姿まで披露する。初期作を中心に意外に幅広い。

お守り

寅さんスタイルで忘れることのできないのが、お守り袋。神仏の加護を願って、お札《ふだ》、仏像、神像などを写した紙、あるいは木札を錦の袋に入れて首から提げる。正式名は「掛け守り」である。寅さんが、肌身離さず常に首から提げている（ときにはもてあそんだあげく、忘れることもあるが……）お守りは、題経寺《だいきょうじ》（柴又帝釈天《しばまたたいしゃくてん》）のものだと思われているが、成田山新勝寺《なりたさんしんしょうじ》、あるいは渥美清《あつみきよし》が個人的に信仰していた入谷の小野照崎《おのてるさき》神社のものという説がある。

これが寅さんだ!

職業は縁日などの露店《ろてん》でさまざまな商品を売るテキ屋（香具師《やし》）。全国各地を回りながら仲間と売《ばい》（露店で品物を売ること）をしている（故郷の葛《かつ》飾《しか》柴《しば》又《また》に帰るのは年に数回）。1年365日、どこへ行くにもほとんど写真のスタイルが基本。暑ければダブルの背広（「洋ラン」と呼ぶ）を脱ぎ、寒ければ襟《えり》を合わせてマフラーを巻いて風を防ぐ。よほどのことがない限り、外ではフェルト帽をかぶり、やや肩をいからせるようにスタスタ歩く。ダボシャツは水色、腹巻きはラクダ色、首からはお守りを提げ、雪《せっ》駄《た》以外は履《は》いたことがない（初期作品を除く）。諸事に対するこだわりも半端でなく、なんとも面倒くさい男なのだが、一事が万事、このこだわりにこそ寅さんの行動規範が隠されている。いってみれば寅さんなりの「美学」なのである。

「浪花の恋の寅次郎」(第27作／1981年)より。

毛糸の腹巻き

漫画『じゃりン子チエ』のテツ、『天才バカボン』のパパと並び、寅さんは、日本3大腹巻きダンディの一人。防寒対策だけではなく、実は財布や小銭入れ、手ぬぐいなどを収納する魔法のポケットとしても使っている。エプロンママの前ポケットに近い感覚である。

革のトランク

寅さんの全財産を運ぶ革のトランクには、トイレットペーパー、マッチ、うちわ、筆記用具とハサミ、時刻表、蚊取り線香、手ぬぐい、目覚まし時計、常備薬（龍角散とケロリン）、替えのダボシャツ、ふんどし、花札とサイコロ、易断の本、レターセットなどが入っている。

雪《せっ》駄《た》

第１作の革靴以外、寅さんの履物《はきもの》は常に雪駄。とはいえ、雪駄は香具師《やし》専門の履物ではなく、男性の着物から紋付までの外出用の履物。寅さんの愛用品は、畳《たたみ》表《おもて》に錦蛇《にしきへび》の鼻緒《はなお》つき。どう安く見積もっても最低３万円以上する代物《しろもの》。粋《いき》に踵《かかと》を出して履《は》くのが寅さんの流儀だ。

窓《まど》枠《わく》格《こう》子《し》柄《がら》のダブルの背広

寅さんが「洋ラン」と呼ぶトレードマークのダブルの背広。ベージュ地に英国伝統の窓枠格子柄のダブルで、４個ボタン２個がけ。袖《そで》ボタンは４個（初期は３個）でベントなし。パンツはシングルプリーツで、裾《すそ》はダブルと、実はおしゃれな純英国式のクラシックパターンの身支度である。

いまさら聞けない！
「男はつらいよ」シリーズの魅力とは？

第38作「知床慕情」（1987年）。ケガをしたおいちゃんに代わって「とらや」の店番を買っては出たものの、居眠りばかりしている寅さん。

それは伝説のテレビ番組から始まった

「男はつらいよ」は、一人の俳優が演じた最も長い映画シリーズとしてギネス世界記録に登録されている。その記録は今も破られていない。足かけ27年、48作（特別篇を入れると29年、49作）という長寿シリーズである。実はこの不倒のシリーズ、映画化される以前、テレビドラマとして放映されていた。もちろん渥美清《あつみきよし》主演で、昭和43（1968）年から同44（1969）年にかけて26回オンエアされた（TBSではこのテレビ版の前身として渥美清、青島幸男《あおしまゆきお》、中村嘉律雄《なかむらかつお》主演の「泣いてたまるか」というドラマがあった）。

当時、渥美清はすでにコメディアンとしての地歩《ちほ》を固めつつあり、NHKテレビの人気番組「夢であいましょう」にレギュラー出演。フジテレビの連続ドラマ「大番」や前述したTBSの「泣いてたまるか」などで主役を張っていた。

フジテレビのディレクター・小林俊一《こばやししゅんいち》は、渥美清の主演で新たに連続ドラマを制作すべく、松竹で質の高い喜劇映画を送り出していた山田洋次《やまだようじ》監督に目をつけた。小林俊一が、山田洋次に台本の依頼に行くと、渥美清に会いたいという話になった。で、渥美清を伴って山田洋次が執筆に使っていた赤坂の旅館を訪れると、渥美から鮮烈な印象を受けたという。

「二、三日続けて私のいた宿に来てもらっていろいろ聞きました。（中略）テキ屋についてはその口上にいたるまで全部聞かせてくれました。（中略）彼の話を聞いていると、自分の眼の前にふつふつとイメージがわいてきて、それがぐんぐんふくらんで、いつの間にか自分がその話を実際に見たような気持ちになってしまった」（山田洋次『映画をつくる』より）

渥美清も、前々から山田洋次の才能に目をつけていたらしく、「ぜひ、脚本は山田洋次に」と主張していたという。

テレビ版「男はつらいよ」は、こうして世に出た。物語は、家出したまま音信不通だった寅さんが、突如として葛飾柴又《かつしかしばまた》に帰ってくる。だんご屋の「とらや」では妹・さくら（長山藍子《ながやまあいこ》）と叔父《おじ》夫婦（おいちゃんとおばちゃん／森川信《もりかわしん》、杉山《すぎやま》とく子《こ》）が店を守っている。半年ばかり店に居つく寅さんだが、とんだトラブルメーカー。その間、さくらと博《ひろし》（井川比佐志《いがわひさし》）の結婚、葛飾商業の恩師（東野英治郎《とうのえいじろう》）との交流、恩師の娘・冬子《ふゆこ》（佐藤《さとう》オリエ）への思慕……。

やがて、冬子に結婚相手が現れ、寅は失恋する。かくして寅は一獲千金を夢見て奄美大島《あまみおおしま》に渡り、ハブに嚙まれて亡くなってしまう。すると、最終話が放送終了したとたん、「なぜ寅を殺した」「てめえの局の競馬は二度と見ねえ！」と抗議の電話が殺到。

このテレビ番組はマスターテープが第1回と最終回しか残っておらず、今や伝説となっている。

“国民的映画”となった「男はつらいよ」

意を強くした山田監督は、映画化の企画を松竹に持ち込んだ。企画会議は揉《も》めに揉めたが、山田監督が粘り勝った。映画版の第1作「男はつらいよ」の公開は昭和44（1969）年。むろん、主演は渥美清だ。

第12作「私の寅さん」（1973年）。大分市の高崎山でのロケの一コマ。撮影にはファンが大勢詰めかけた。この第12作は観客動員数242万人に迫る記録を打ち立てた。

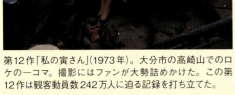

世はまさに高度経済成長の真っただ中。少しでも人より多くの給料を稼いで、経済的に豊かな暮らしを——という思考がまかり通っていた。半面、組織の管理化は社会の隅々にまで浸透し、人々はその重圧に窒息しかかっていたのである。

そんな中、「もろもろの卑しい欲望——物欲・名誉欲から知識欲にいたるまで、みんなどこかに忘れ去って、トランクを片手にぶらさげ、澄み切ってカーンと音のしそうな頭でのんびり旅を」（山田洋次『映画館《こや》がはねて』より）する男・車寅次郎《くるまとらじろう》が現れたのである。

縁日で巧みな啖呵売《たんかばい》（口上を入れて物を販売する販売方法）を行う浮世離れした男を銀幕《ぎんまく》に見いだした人々は、管理社会の息苦しさから解放され、心慰められたのであった。寅さんの旅に自分の願望を重ね合わせることで、寅さんと観客は同化し人気が爆発した。

そして思わぬ好評に、山田監督すら予想しなかったシリーズ化が実現する。第1作で54万人強だった観客動員数は尻上がりに増え、第10作「寅次郎夢枕」（1972年）にいたっては200万人を超えた。第12作「私の寅さん」（1973年）は242万人に迫る記録を打ち立てている。観客は銀幕に映し出される寅さんの一挙手一投足《いっきょしゅいっとうそく》に、笑い、涙した。それまであまり注目されなかった葛飾柴又《かつしかしばまた》の町や題経寺《だいきょうじ》（通称・帝釈天《たいしゃくてん》）は人気観光スポットになり、シリーズは「国民的映画」と称されるほどに成長したのだった。

テーマは「家族愛」「恋愛」「望郷」の三つ

このシリーズが成功した最大の理由は、渥美清という不世出《ふせいしゅつ》の喜劇俳優と、「家族」という永遠の命題を一種の悲喜劇的にドラマ化できる山田洋次という映画監督の二人の出会いにある。

シリーズが進むうちに、山田監督は渥美清の話術やカリスマ性にますます惹《ひ》かれていき、渥美清も山田監督のストーリーテリングや演出力を信頼するようになっていった。「とらや」の面々や仲間たちのキャスティングも、余人をもって代え難いほどシリーズに溶け込んだ。これに毎回異なるマドンナ役の人気女優陣が加わり、他に類を見ない寅さんワールドが展開していくことになったのである。

映画での物語も20年間も家出していた「とらや」の

物語の基本パターン

❶寅さんの夢のシーン。駅のベンチ、神社の軒下などで目覚めるとタイトルバックが流れ始める。

→ 第2作、第5作、第9〜37作、第39作、第43作、第45作の計34作品が夢から始まる。

❷寅さんが久しぶりに旅から帰ってくる(江戸川の土手を歩いて帰ってくることが多い)。

→ 河川敷でカップルの邪魔をしたり、野球の試合を台なしにしたりというミニコントが展開。

❸「とらや」の暖簾《のれん》をくぐる。家族の面々は大喜び。茶の間で、旅先の話などに花が咲く。

→ 寅さんは入りづらそうに、行きつ戻りつ。珍妙にして絶妙なコントがここでも展開される。

❹しばらくすると、話がこじれて茶の間や庭先で大喧《おおげん》嘩《か》を始める。帰ったばかりの寅さんはまた旅へ。

→ 喧嘩するのはおいちゃん、タコ社長、博《ひろし》など。おばちゃんやさくらが泣き出して、寅さんは去って行く。

❺旅先でひょんなことから思い悩むマドンナと出会い相談にのる。別れ際《ぎわ》、「困ったことがあったら、俺の実家、葛飾柴又《かつしかしばまた》の〈とらや〉を訪ねてみなよ。親切にしてくれるぜ」と声をかける。

→ ここではマドンナの心情に、おおむね下記のような3つのパターンが生じる。
ⓐ面白い　ⓑ頼れる　ⓒ共感できる

❻旅先で出会ったマドンナが「とらや」を訪ねてくる。「寅は今、仕事で旅に出ております」と答えると、そこへ寅さんが帰ってくる。

❼この段階で寅さんはマドンナに惚《ほ》れてしまう。マドンナは、家族から下にも置かない歓待を受ける。

→ ここで寅さんに淡い恋心を抱き始めるマドンナが出てくる。多くがⓑⓒのパターン。

鑑賞者によって、受け取り方は異なるが、恋心を抱くのは、全作品中で7人程度(第5章参照)。

❽寅さんはマドンナの将来を心配して、こまごまと世話を焼くうちに夢が大きくふくらみ、自分とマドンナの将来設計を思い描く。

❾「とらや」の家族は、また恋の病が始まったと嘆《たん》息《そく》する。さくらや博は心配でならない。

ⓐの感情を持つ場合。寅さんの恋心をわかっていながらも去って行く。

❿“恋敵《こいがたき》”的な人が現れ、マドンナはその人の元へ去って行く。

⓫傷心の寅さんは、置き手紙などをして静かに旅に出る。

❿マドンナが寅さんに対して、遠回しに愛を告白する。

⓫渡世人の俺が？　とマドンナの愛を重荷に感じて旅に出る。

この❿⓫が運命の分かれ道。リリーの場合は、いったん去るが、何度か再会して寅さんに惚れてしまう特別のケースだ。

⓬マドンナが「とらや」で近況報告をしている。「寅さんどうしてるのかしらね。会いたいわ」。

→ 正月や盛夏に訪れ、「とらや」の茶の間やさくらと博の家で寅さんの噂《うわさ》話をしながら談笑。

⓭ラストシーンは賑《にぎ》わう縁日。寅さんの啖呵売《たんかばい》の口上が、青空に吸い込まれていく。

→ 縁日の花火がパパン、パンと上がり、寅さんは香具《や》師《し》の仲間とともに屈託《くったく》なく商売に励む。

END

お決まりのシークエンス

（ブルーバックの部分がハイライト。）

第3作「フーテンの寅」（1970年）。茶の間の喧嘩《けんか》は「表に出ろ！」の一言で乱闘に発展してしまう。この裏庭では寅さんとタコ社長が何回も喧嘩している。

跡取りがテキ屋（香具師《やし》）となって柴又に帰ってくるところから始まる。家出した甥《おい》っ子を叔父夫婦（森川《もりかわ》信《しん》、三崎千恵子《みさきちえこ》）は快く迎え入れ、美しく成長した異母兄妹のさくら（倍賞千恵子《ばいしょうちえこ》）と寅さんは再会する。

このあたりは前述したテレビ番組と同じだが、48作も続いた映画では毎回、人気女優がマドンナとして登場し、寅さんを翻弄《ほんろう》するストーリーが繰り返された。

テーマは「家族愛」「恋愛」「望郷」の三つ。「家族愛」とはおいちゃん、おばちゃん、諏訪《すわ》家（博、さくら、満男《みつお》）への愛であり、「恋愛」は寅さんのマドンナに対する一目惚《ひとめぼ》れであり、「望郷」とは旅先で思う葛飾柴又である。

物語は前ページの図に示したような基本パターンとそのバリエーションで展開されていく。第42作「ぼくの伯父《おじ》さん」（1989年）以降は、寅さんの恋愛と満男と泉《いずみ》の恋の〝2本立て〞のような構成になっていくが、「物語の基本パターン」のように全作品を通じてストーリー展開の骨格にほとんど変化はない。

最大の見どころはマドンナとの再会と別れ

見どころはまず、寅さんが「とらや」に帰り、茶の間で旅の話や近況報告などをしていると、喧嘩《けんか》になってしまうシーンである。

発端は晩ご飯のおかずの数や種類、寅さんの理想の女性像、朝日印刷のタコ社長に対する悪口などと些細《ささい》なことにある。たわいのない話のなかに、寅さんの極端なこだわり（左表参照）が顔を出し始めると、おいちゃんやタコ社長などは「また、始まったぞ」とうんざりし、思わず寅さんを否定するような失言を発してしまう。すると寅さんは、怒り心頭に発し、「それを言っちゃあ、おしまいよ！」「さくら！ 止めるなよ」

寅さんのこだわり

❶三つ指をついて「お帰りなさい」。俺が帰ったら酒が先か風呂が先かがわかり、燗上手で横になればスッと枕が出る女性が好み。欲を言えば八重歯が好き。
❷パジャマではなく浴衣《ゆかた》。寝るのは畳と布団が基本。
❸朝飯に贅沢《ぜいたく》は言わない。温かいご飯に出汁《だし》の効いたみそ汁、お新香にタラコ一腹、辛子の効いた納豆（細かく刻んだネギ入り）、塩昆布、生卵……などがあればいい（が、かなり注文が細かい）。
❹ラーメンは大好きだが、入っている鳴門《なると》は嫌い。
❺移動はもっぱら各駅停車のみ。飛行機は苦手。
❻ホテルには泊まれない。特にビジネスホテルは棺桶《かんおけ》のようだからダメ。旅館や商人宿がいい。
❼洋式便器よりも和式派。なぜなら力が入らない。
❽洋食は嫌い。そもそもナイフとフォークは使えない。
❾背広の襟《えり》を立て、雪駄《せった》は突っかけて鯔背《いなせ》に履《は》く。
❿お年寄りや女性、子供にはやさしく接し、突っ張った若者にはきつく諭《さと》す。

※こだわりの一部です。

というお決まりの捨て台詞《ぜりふ》を残し、「とらや」を飛び出してしまうのである。第3作「フーテンの寅」（1970年）のように、初期作品では喧嘩が裏庭での大立ち回りに発展することもあったが、大方の場合、さくらやおばちゃんが泣き出して事態は収束する。

「とらや」を飛び出した寅さんはその後、旅先でマドンナと出会う。天真爛漫《てんしんらんまん》な少女、翻訳家、女医、アマチュア写真家、人妻、水商売のママ、ドサ回りの歌手、売れっ子の歌手、レビューの踊り子、芸者、看護師など、さまざまなマドンナが登場するが、寅さんはすぐに意気投合して旅を語り、人生を語る。出会いのシーンにおけるしみじみとした〝寅さん節〟は、渥美清でなければできない名演である。そして別れ際《ぎわ》、「東京へ出てくるようなことがあったらな、葛飾柴又帝釈天の〈とらや〉という店へ寄りな。俺がいなくってもな、俺の身内がきっとおまえのことを親切にしてくれるからな」（第37作「幸福《しあわせ》の青い鳥」1986年）などと言い残して去っていく。このあたりの物言いはとにかく格好いい。しかし、後日、マドンナが「とらや」を訪れ、そこで寅さんと再会すると、別れた時の格好よさはどこへ？　となる。寅さんはマドンナにどぎまぎし、会話はトンチンカンなものとなり、やがて「とらや」一家を巻き込んでの一騒動が勃発する。このあたりが毎回最大の見どころ。寅さんは再会した瞬間にマドンナに惚《ほ》れて、生活はすべてマドンナを中心に回るようになってしまうのだ。そして物語はエンディングに向かっていく。

ストーリーに大きな違いがあるのは、15頁の図の❽❿⓫部分。寅さんに好意を持ってはいるが、それは「年長で人生経験豊かな頼れる友人」といった感情であり、けっして恋心ではない。しかし、このあたりを寅さんは一人合点《がてん》してしまい、よせばいいのに二人の将来設計まで思い描き、こまごまと世話を焼くのである。

しかし、こうした寅さんの一途《いちず》な愛情に最初から気づくマドンナはそう多くはない。寅さんに意中の人や再会した大切な人のことを他意《たい》なく報告してしまうと、突然、寅さんはどん底に突き落とされてしまう。こうなると、引き際は恐ろしく早い。マドンナの心が別の男性に向いていると知るや「とらや」からもマドンナからも静かに去って行くのである。

ただ、寅さんはフラれているばかりではない。第10作「寅次郎夢枕」（1972年）、第29作「寅次郎あじさいの恋」（1982年）、第32作「口笛を吹く寅次郎」（1983年）、第38作「知床慕情」（1987年）、第44作「寅次郎の告白」（1991年）、第45作「寅次郎の青春」（1992年）などでは、逆に〝愛の告白〟を受ける。マドンナの気持ちを知って寅さんの心は揺れ動くが、常に「渡世人《とせいにん》の俺がこの女性を幸せにできるだろうか」と自問自答し、フラれた時と同じように静かに柴又から去って行くのである。

観客は普通に「とらや」を継いで若旦那になればいいと思うが、生来流れ者の寅さんにはその決心ができない。観客は歯がゆい思いがするのである。

昭和という時代を感じるロードムービー

こうした恋愛騒動のほかにもシリーズには大きな魅力がある。全国を旅して啖呵売《たんかばい》を行うので、全国津々浦々の名所が舞台になっていることだ。しっとりとした城下町あり、郷愁の港町あり、ひなびた温泉ありと、映画の中では昭和という時代と、古き良き「日本」が活写されている。こうした意味で、「男はつらいよ」は一種のロードムービーともいえる。描かれる情景は年配の方には懐かしいが、若い人にとっては新鮮だ。新幹線は0系《ゼロ》しかなく、高層ビルもほとんどない。道路は渋滞して、工場からは排煙が出ているが、人々はまっすぐ前を向いて歩いている。子供たちは明るい声で遊び、繁華街にはハイカラなカップルが繰り出している。寅さんの言う「労働者諸君！」が明日を夢見ながら頑張っている、そんな昭和という時代の空気が感じられるのだ。山田監督は底抜けの活力に満ちた寅さんを通して、日本という国の根源的な活力を描いていたのである。

そんなシリーズも、平成8（1996）年8月に渥美清が没したことで、幕を閉じたが、翌年の平成9（1997）年11月に「寅次郎ハイビスカスの花 特別篇」が公開された。そしてシリーズスタート50周年を記念して令和元（2019）年12月、第50作「お帰り寅さん」を公開。第50作では諏訪家、「くるまや」、リリーのその後を中心に描かれ、多くの寅さんファンが次なる展開を期待する作品となった。

「男はつらいよ」シリーズクレジット

メインスタッフ

原作：山田洋次
監督：山田洋次（第1･2作、5～49作）
　　　森崎 東（第3作）、小林俊一（第4作）
脚本：山田洋次（第1～49作）
共同脚本：森崎 東（第1作）
　　　小林俊一（第2･3作）
　　　宮崎 晃（第2～6、11作）
　　　朝間義隆（第7～49作）
　　　レナード・シュレーダー（第24作）
　　　栗山富夫（第24作）
撮影：高羽哲夫（第1～49作）
　　　長沼六男（第48・49作）
音楽：山本直純（第1～49作）
　　　山本純ノ介（第47～49作）

メインキャスト

車 寅次郎：渥美 清
諏訪さくら：倍賞千恵子
諏訪 博：前田 吟
諏訪満男：中村はやと（第2～26作）
　　　吉岡秀隆（第27～49作）
おいちゃん（車 竜造）：森川 信（第1～8作）
　　　松村達雄（第9～13作）
　　　下條正巳（第14～49作）
おばちゃん（車 つね）：三崎千恵子
タコ社長（桂梅太郎）：太宰久雄
御前様：笠 智衆
源公：佐藤蛾次郎

製作・著作：松竹株式会社

※第49作までのクレジットです。

山田洋次監督とは？

人間愛、家族愛をテーマに88作

第44作「寅次郎の告白」（1991年）でメガホンを取る山田《やまだ》洋次《ようじ》監督。

1961年「二階の他人」でデビュー

山田《やまだ》洋次《ようじ》監督は昭和6（1931）年、大阪府豊中《とよなか》市に生まれた。翌年、山田家は満州国《まんしゅう》（中国北東部）へ移住する。大阪の汽車製造会社で蒸気機関車の設計をしていた父親に、南満州鉄道（満鉄《まんてつ》）から声がかかり、蒸気機関車の開発に取り組むことになったのだ。一家は満州各地を転々とし、敗戦後に内地に引き揚げた。滞満13年（3年の東京暮らしを含む）。蒸気機関車の〝洗礼〟をたっぷりと受けた山田監督は、鉄分十分の少年に育った。

　無一物で引き揚げてきた一家は、山口県宇部《うべ》市の親類宅に身を寄せた。士族の家系に生まれた父親は、戦後の混乱期にはなすすべもなかった。山田監督も闇屋《やみや》まがいの行商で、家計を助ける日々が続いた。それでも、負けん気の強い山田監督は、旧制山口高校から一浪して東京大学に入学。卒業後の同29（1954）年、助監督として松竹大船撮影所に入社する。

　そして7年後の同36（1961）年、「二階の他人」で監督デビュー。その後も作品を発表し続け、社内の地歩《ちほ》を固めていった。13作目の「吹けば飛ぶよな男だが」（1968年）が『キネマ旬報』誌のベストテン10位にランクされ、知名度も一気に上がった。ハナ肇《はじめ》主演の「馬鹿シリーズ」が話題となり、喜劇映画を中心にその実力を発揮するようになっていった。「男はつらいよ」シリーズはこうした流れの中で、試行錯誤の末にたどり着いた山田監督のライフワークで、映画は大衆の熱い支持を受けてシリーズ化された。並行して、「家族」「故郷」「同胞《はらから》」三部作（１９７０～75年）などのシリアスな社会派映画、「幸福の黄色いハンカチ」（１９７７年）といった傑作をものし、映画界に押しも押されもしない地位を築いたのである。

失恋したような喪失感を感じたファン

山田監督作品の主人公にエリートは皆無だ。社会的には落伍者《らくごしゃ》、負け組と見なされる者たちが主人公だ。なぜか。その答えは、「学校Ⅱ」（１９９６年）をめぐって福岡で行われた講演に明らかだろう。

「日本人はみんな真面目《まじめ》になって働くしか能がない、逆に働かないやつは効率が悪いと切り捨てられたりしたら、僕はその社会は必ず衰弱していくと思う……」

「男はつらいよ」シリーズは、足かけ29年にわたって全49本が制作された。観客動員数は総計8千万人弱に達し、〝国民的映画〟と称された。しかし、平成7（１９９５）年12月に公開された「寅次郎紅《くれない》の花」（第48作）をもって、一応の終止符が打たれた。主演の渥《あつ》美清《みきよし》が亡くなったためだ。その後、平成9（１９９７）年には第49作「寅次郎ハイビスカスの花 特別篇」が公開されている。最後の数作は渥美清の体調が思わしくなく、観《み》るのがつらいというファンが少なくなかった。だが、いざ終わってみると、みんな「何だか身体《からだ》の真ん中に穴っぽこがあいちまって、そこをすうすう風が通っていくみたいな気持ち」（第6作「純情篇」１９７１年）になったのではないか。われわれは寅さんが失恋したかのような喪失感を味わったのである。

〝真剣勝負〟の時代劇に新境地を拓く

しかし、山田監督に立ち止まっている暇はなかった。寅さんシリーズへのオマージュともいうべき「虹をつかむ男」（１９９６年）、「虹をつかむ男 南国奮斗篇」（１９９７年）に続き、「学校」シリーズを制作（Ⅰ～Ⅳまでの4本）。さらに、藤沢周平《ふじさわしゅうへい》の小説が原作の「時代劇三部作」に取り組む。すなわち「たそがれ清兵衛」（２００２年）、「隠し剣 鬼の爪」（２００４年）、「武士の一分《いちぶん》」（２００６年）である。三部作は揃って評価が高く、日本アカデミー賞の最優秀作品賞をはじめ数々の賞を受けた。「たそがれ清兵衛」はアメリカのアカデミー賞外国語映画賞にノミネートされるなど国際的にも評価されている（現代劇の2015年作「母と暮せば」も同賞にノミネート）。「男はつらいよ」シリーズをはじめ喜劇映画で監督人生のスタートを切った山田監督は、『キネマ旬報』誌のベストテンの1位に輝いた「家族」（1970年）をはじめとするシリアスな社会派映画の傑作だけでなく、時代劇でも新境地を拓いたのである。

この時代劇では立ち回りの描写が特筆される。人を斬るのは、大根相手とは違う。スパリ、スパリというわけにはいかない。生死を賭けて肉体と肉体をぶつけあう、真剣勝負の迫力に圧倒された方も多いはず。時代劇の凋落《ちょうらく》が叫ばれていた折から、新たな可能性を見いだした点は称賛に値するものだった。

続いて山田監督は、監督生活50周年を記念した「東京家族」を平成25（2013）年に公開。「男はつらいよ」シリーズに続いて「家族」をテーマにした連作を発表していく。すなわち「東京家族」「家族はつらいよ」「家族はつらいよ2」「妻よ薔薇のように 家族はつらいよⅢ」である。

父親は南満州鉄道の技師を務め、自身も「幼い頃は蒸気機関車の運転士になりたかった」という山田監督は、異色のドキュメンタリーも発表している。2012年に発表した「復活」である。これは群馬県伊勢崎《いせさき》市の華蔵寺《けぞうじ》公園に静態保存《せいたいほぞん》されていた蒸気機関車C61－20号機の復活劇（現在、JR東日本の上越線などで運行）を記録したもので、大きな話題となった。

この間、山田洋次監督は平成16（2004）年に文化功労者となり、平成20（2008）年には小津安二郎《おづやすじろう》以来、映画界では2人目の芸術院会員に推挙、平成24（2012）年には、黒澤明《くろさわあきら》に次いで映画監督としては3人目の文化勲章を受賞している。そして令和元（2019）年12月、待ちに待った「男はつらいよ」の第50作「お帰り　寅さん」が公開された。昭和44（1969）年のシリーズスタートから50年となる作品である。ファンは長年感じてきた〝喪失感〟をこの作品で埋めることができた。「男はつらいよ」はここで終わりではない。今後も観客の心の中でさまざまに形を変えて未来につながっていくのである。

第1章

寅さんの履歴書

基礎編

◉寅さんの愛しき世界……………世界は「とらや」を中心に回っている

「いつも悪いのはこの俺だよ。でもなぁ」

「よっ！　おいちゃん、おばちゃん、元気？」

　旅先から帰ってきた寅さんの、お決まりのフレーズである。題経寺《だいきょうじ》（通称・帝釈天《たいしゃくてん》）の参道にある老舗《しにせ》だんご屋「とらや」（車竜造《くるまりゅうぞう》とつね夫妻が経営、第40作より「くるまや」）の店先で、久々に耳にする寅さんの元気な一声である。しかし、実はこれから繰り広げられる騒動の幕開けを予感させる言葉でもあるのだ。

　主人公は、いうまでもなく寅さんこと車寅次郎《くるまとらじろう》。車竜造の甥《おい》っ子である。本来ならば、「とらや」の7代目を継ぐべき立場であるが、16歳の時に家を飛び出してテキ屋（香具師《やし》）稼業を生業《なりわい》としているため、年がら年中、旅から旅への渡り鳥。年に数度、思い出したかのように「とらや」へ戻ってはくるが、一騒動（主にマドンナとの恋愛騒動）を巻き起こして、また旅立っていく……というのが物語のパターンである。

　寅さんが帰ってくると、「とらや」の茶の間に、おいちゃん、おばちゃん、寅さんの異《い》母妹《ぼまい》・さくら、その夫・博《ひろし》、息子・満男《みつお》らが集まって、一家団欒《いっかだんらん》の光景が繰り広げられる。夕餉《ゆうげ》の一時には、博が働いている裏の朝日印刷（第4作までは共栄印刷）のタコ社長も

加わって賑《にぎ》やかになる。下町のどこにでもある風景だが、その幸せな時間は長続きすることがない。直情径行型《ちょくじょうけいこう》の寅さんが、誰かの何気ない態度や言葉に怒って一悶着《ひともんちゃく》が始まる。取っ組み合いの喧嘩《けんか》（主に初期作品）になることも少なくなく、やがて「お兄ちゃんが悪いわよ」とさくらが泣き出し、寅さんが「あばよ！」と家を飛び出していくことになるのだ。

しかし、寅さんはどんなにバカにされようと、嘲笑されようと、みんなに愛されている。幼い頃から悪ガキとして柴又《しばまた》中にその名が知れ渡っていたが、「弱きを助け強きを挫《くじ》く」的な義侠心《ぎきょうしん》を持つため、兄貴と慕う寺男の源公《げんこう》をはじめ、親しげに声をかけてくる参道の商店主や同級生、幼なじみが多い。テキ屋稼業の旅暮らしを嘆く題経寺の御前様《ごぜんさま》にいたっては、「困った、困った～」と言いながらも、出来の悪い我が子を見守るかのようである。

毎回新たなマドンナが現れ、「とらや」を中心にドタバタが繰り広げられるのが物語のハイライトだが、その成り行きを常に温かい眼差《まなざ》しで見つめているのが、さくらである。兄の幸せを心から願っているだけに、時には叱責《しっせき》しながらも励まし、何かと世話を焼く。そんなやさしい妹に甘えっぱなしの寅さんは、妹の心遣いに応えることもできないまま、旅暮らしに明け暮れるのである。それでも心の中ではこう思っている。

「この家で揉《も》めごとがある時は、いつも悪いのはこの俺だよ。でもなぁ、さくら、俺はいつも、こう思って帰って来るんだ。今度帰ったら、きっとみんなと仲良く暮らそうって、兄ちゃんいつもそう思って……」（第17作「寅次郎夕焼け小焼け」1976年）。

去り際《ぎわ》は威勢のいい寅さんだが、こうした忸怩《じくじ》たる思いを秘めて旅立っているのである。

寅さんを愛した人々

「とらや」と寅さんの仲間たち

※カギ括弧《かっこ》の中は寅さんへの呼びかけ方。

車《くるま》竜《りゅう》造《ぞう》（14～49作）「なぁ、寅」

車《くるま》竜《りゅう》造《ぞう》（9～13作）「コラッ、寅」

車《くるま》竜《りゅう》造《ぞう》（1～8作）「寅さんよ～」

森川信《もりかわしん》（1～8作）／松村達雄《まつむらたつお》（9～13作）／下條正巳《しもじょうまさみ》（14～49作） だんご屋「とらや」の6代目。寅さんの父・平造の弟で、寅さんとさくらの叔父《おじ》。通称「おいちゃん」。寅さんが戻ってくると、必ず大喧嘩《おおげんか》を始めるが、気性はやさしい。少年時代の夢は馬賊《ばぞく》。心臓病、神経痛などの持病を抱える。初代・森川の「バカだねぇ～」、3代・下條の「オラ、知らねえよ～」は絶品。

子供はいない

←兄弟→

車《くるま》つね「寅ちゃん」

三崎千恵子《みさきちえこ》 竜造の糟糠《そうこう》の妻。通称「おばちゃん」。寅さんの家出後、さくらを、わが子のように育てた。だんご屋を切り盛りする働き者。情にもろい。料理が得意。

遠縁

明石夕子《あかしゆうこ》（若尾文子《わかおあやこ》）

店員　三平《さんぺい》ちゃん・佳代《かよ》ちゃんほか

第11作「寅次郎忘れな草」（1973年）。「とらや」の店内と茶の間の様子。引き戸を開ければ店と茶の間は一体となる。

車家

車《くるま》寅《とら》次《じ》郎《ろう》「俺」「僕」「私」

渥美 清《あつみきよし》 本来はだんご屋「とらや」の7代目。だが、家出をして20年間も柴又《しばまた》に戻らずテキ屋(香具師《やし》)を続ける。さくらの結婚前に姿を現し、以後は毎年数回ほど柴又に戻る。若い頃は気性が激しかったが、年を取るにつれて分別が生まれる。長所は世話焼き、欠点は惚《ほ》れっぽいこと。これだけは人後に落ちない。

寅さんの家族

寅ちゃん今どこにいるんだろうね（つね）
お兄ちゃん早く帰ってきて！（さくら）
おれ、伯父《おじ》さんみたいになりたい（満男）

車平造《くるまへいぞう》　妻

菊《きく》「おい、寅！」

ミヤコ蝶々《ちょうちょう》　寅さんの実母。芸者だった頃に平造と知り合い、寅さんを産む。その直後、幼子を残して出奔《しゅっぽん》。現在は京都でラブホテルを経営している。寅さんからは「産みっぱなしにしやがって」と罵《ののし》られるが、息子の将来が心配でならない。

←育児放棄の母と放蕩《ほうとう》息子→

昭一郎《しょういちろう》　早逝《そうせい》

諏訪家

諏訪郁《すわいく》

諏訪颷一郎《すわひょういちろう》「寅次郎君」

博の父母

志村喬《しむらたかし》・大塚君代《おおつかきみよ》　颷《ひょう》一郎《いちろう》は寅さんと仲良くなり、初期作で存在感を見せる。

諏訪博《すわひろし》「兄さん」

前田 吟《まえたぎん》　大学教授の父に反発、家出。タコ社長に出会い、朝日印刷に入社。寮にいた頃、さくらを見《み》初《そ》め結婚した。生真面目《きまじめ》な堅実派だが、一度は独立を志したことも。

一粒種↓

諏訪《すわ》さくら「お兄ちゃん」

←異母兄妹→

倍賞千恵子《ばいしょうちえこ》　車平造の長女で、寅さんの腹違いの妹。本名は櫻《さくら》。高校卒業後、オリエンタル電機に勤務していたが、寅さんの仲立ち（？）で、すったもんだの末に博と結婚。翌年、満男が誕生。兄のことを心配し、時にやさしく、時に厳しく接する。同母の秀才の兄がいたが早逝《そうせい》した。

諏訪満男《すわみつお》「伯父《おじ》さん」

中村《なかむら》はやと（2～26作）／吉岡秀隆《よしおかひでたか》（27～49作）　さくらと博の一粒種。跡取りの寅さんがフーテンのため、とらやの期待を一身に集める。堅実に育ち、シャイな性格。夢は音楽家だったが、大学卒業後、靴メーカーに就職。成長するにつれ、行動様式が寅さんに似てくる。初期作では、柴又界隈の赤ちゃんが出演したこともある（第1作など）。

憧れの伯父さん→

及川泉《おいかわいずみ》（後藤久美子《ごとうくみこ》）

恋人。第48作で距離が一気に縮まる。

寅さんの仲間

面倒なやつが帰ってきたよ〜(タコ社長)
困った、困った、本当に困った(御前様)
おじちゃま〜、会いたかった!(泉)

御前《ごぜん》様《さま》「寅〜っ」

笠《りゅう》智《ち》衆《しゅう》　柴又《しばまた》の題経寺《だいきょうじ》(通称・帝釈《たいしゃく》天《てん》)の住職。車一家や柴又の住人からは、親しみを込めて御前様《ごぜんさま》と呼ばれる。題経寺は車家の菩提寺《ぼだいじ》で、寅さんとさくらの父もここに眠っている。八方やぶれの寅さんも、御前様には頭が上がらない。

タコ社長「寅さんよ」

太宰久雄《だざいひさお》　朝日印刷の社長。本名は桂梅太郎《かつらうめたろう》だが、寅さんからは「タコ」と呼ばれている。一代で身を起こし、「とらや」の裏に印刷所兼住居をもつが、金策に走り回るのが常。いつも寅さんと喧嘩《けんか》を始める。あけみ(美保純《みほじゅん》)ら2男2女の父。

源《げん》公《こう》「兄貴〜」

佐藤蛾次郎《さとうがじろう》　題経寺《だいきょうじ》の寺男。関西生まれだが、生後すぐに母と別離、いつしか柴又《しばまた》に住みつく。寅さんの舎弟《しゃてい》で「とらや」を手伝うが、御前様《ごぜんさま》に諭《さと》されて寺男に。寅さんを兄貴と慕ってはいるが、寅さんの恥を柴又中に広めている。通称「源《げん》ちゃん」。

あけみ「寅さん」

美保純《みほじゅん》　タコ社長の娘。第33作「夜霧にむせぶ寅次郎」(1984年)で初登場。結婚したものの夫との仲がしっくりいかず、たびたび実家に帰る。第36作「柴又より愛をこめて」(1985年)では伊豆下田に家出。タコ社長の頭痛の種。

及《おい》川《かわ》泉《いずみ》「おじちゃま〜」

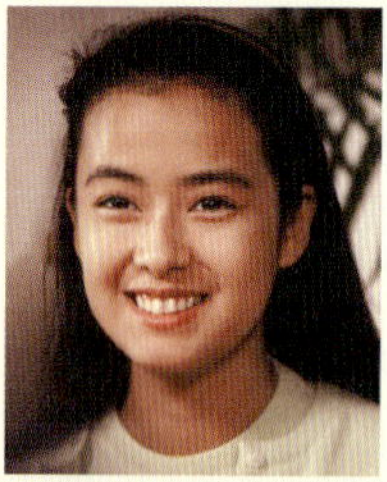

後藤久美子《ごとうくみこ》　満男《みつお》の高校の後輩。満男が心を寄せている。両親が離婚したため名古屋住まいとなったが、母と反りが合わず佐賀の叔母の元に。その後、上京したりする。結婚が決まるが、その結婚式を満男がぶち壊す。

リリー「寅さん」

浅丘《あさおか》ルリ子《こ》　旅回りのキャバレー歌手。第11作「寅次郎忘れな草」(1973年)で、北海道を走る夜汽車の車中、寅さんと出会う。同じ水商売の旅暮らしで意気投合。以後、シリーズではマドンナ最多の4作※にわたって登場。大人の恋愛が描かれる。

※49作を入れると5作。
※50作を入れると6作。

旅の仲間

登《のぼる》(秋野太作《あきのたいさく》)＝寅さんの舎弟《しゃてい》。初期作品に登場。足を洗う／ポンシュウ(1代目が小島三児《こじまさんじ》、2代目が関敬六《せきけいろく》)＝同業者／キュウシュウ(不破万作《ふわまんさく》)＝同業者／カラスの常三郎《つねさぶろう》(小沢昭一《おざわしょういち》)＝同業者／坂東鶴八《ばんどうつるはち》郎《ろう》(吉田義夫《よしだよしお》)＝旅回り一座座長／大空小百合《おおぞらさゆり》(岡本茉莉《おかもとまり》・志穂美悦子《しほみえつこ》)＝旅回り一座看板女優など。

ご近所さん

商店街の麒麟《きりん》堂、蓬莱《ほうらい》屋、備後《びんご》屋、弁天《べんてん》屋、上海《シャンハイ》軒、江戸《えど》屋などで、寅さんの友人が多い。初期作品では青山《あおやま》巡査(米倉斉加年《よねくらまさかね》)がいい味を出している。同級生に柳文彦《やなぎふみひこ》(前田武彦《まえだたけひこ》)、茂《しげる》(犬塚弘《いぬづかひろし》)、安男《やすお》(東八郎《あずまはちろう》)、志村千代《しむらちよ》(マドンナの八千草薫《やちぐさかおる》)など。

「旅暮らし」なんてさ、格好はいいけどな 実際はつらいことのほうが多いんだぜ（寅さん）

家族の履歴書①

車寅次郎

くるま・とらじろう
通称「寅さん」

旅先で食す好物は牛乳と小倉アンパン。

第41作「寅次郎心の旅路」(1989年)。寅さんは古都・ウィーンの町並みも雪駄《せった》で闊歩《かっぽ》した。

長所　楽天的で、細かいことは気にしない。情にもろく、世話焼き。義理人情に篤《あつ》い
欠点　惚《ほ》れっぽい。行動原理は直情径行《ちょくじょうけいこう》。やや神経質。飽きやすい
趣味　酒、芝居鑑賞(ドサ回りの劇団)、人捜し、易断(これは仕事にもなっている)
好きな物　アンパン、牛乳、サトイモ・イカなどの煮付、醤油ラーメン(鳴門《なると》抜き)

◉健さんと並ぶ昭和の大ヒーロー

老舗《しにせ》だんご屋「とらや」の5代目・車平造《くるまへいぞう》が、芸者・菊《きく》を孕《はら》ませて産ませたのが、フーテンの寅こと車寅次郎《くるまとらじろう》（通称・寅さん）である。菊は寅次郎を産んで出奔《しゅっぽん》。以後、父と義理の母によって、腹違いの兄と妹とともに育てられた。しかし、葛飾商業時代に、校長から「芸者の子」と言われて激怒し、殴ったことで退学。父に怒られ家出したのが、16歳の頃のことであった。以来20年、すでに父、義理の母、異母兄《いぼけい》と異母妹《いぼまい》と、父も死去。たった一人残る異母妹と、父の弟夫婦が住む柴又《しばまた》が郷里となる。

商いは、巧みな話術で物を売るテキ屋（香具師《やし》）。出で立ちは、雪駄《せった》に腹巻き、襟《えり》なしのダボシャツに中折帽《なかおればう》（正確にはテレスコープ）と小粋《こいき》。演じるのはもちろん、渥美清《あつみきよし》。高倉健《たかくらけん》と並ぶ昭和時代の大ヒーローである。

家族の履歴書②

車平造・菊

くるま・へいぞう／きく
通称「お菊さん」

あっ、銭か？ 銭はあかんで、もう。なんぼ親子でも、銭は関係あらへんで（菊）

第1作「男はつらいよ」（1969年）に家族写真として登場する車平造（上）。第2作「続 男はつらいよ」（1969年）で、「親子でも金は別」などと寅さんと屈託《くったく》ない会話をする菊。

菊

長所	寅さんと同じで楽天的で雑。一見すると、きつそうに見えるが意外に情にもろい
欠点	お金にうるさいケチ。見栄っ張りなところもある
趣味	服飾品にこだわりがあり、洋装も和装もお金がかかっている
好きな物	お金、証券など

※平造自身はシリーズに登場しないので上記は菊の記述です。

●ケチだが母親はやはり母親

車平造《くるまへいぞう》は寅さんの父で、「とらや」の5代目主人。寅さんを殴って追い出したものの、死に際《ぎわ》に弟の竜造《りゅうぞう》の夢枕に立ち、「寅とさくらのことはよろしく頼む。特に寅のやつは生まれつきバカだから、心配で仕方がねえ」と言ったとか。映画の中では、家族写真として登場。顔立ちは寅さんとは似ても似つかぬほっそり顎《あご》である（上掲）。

実母・菊《きく》（ミヤコ蝶々《ちょうちょう》）は元芸者。寅さんから「産みっぱなしにしやがって」と罵《ののし》られ「どこぞの世界に自分の子供を喜んでほうる親があるんじゃ！ えっ！」などと言い返すが、第7作「奮闘篇」（1971年）では寅さんの嫁さん候補が心配で「とらや」を訪ねてくる。京都のラブホテル「グランドホテル」のオーナーで、第2作目、第7作目に登場する。

家族の履歴書③

車竜造・つね

くるま・りゅうぞう／くるま・つね
通称「おいちゃん」／「おばちゃん」

バカだねぇ〜、本当にバカだよ。おい、枕、さくら出してくれ！（竜造）

森川 信

松村達雄

下條正巳

三崎千恵子

つね

長所	おおらかで、家庭料理は絶品。働き者
欠点	涙もろい
趣味	旅行、たまに芝居鑑賞
好きな物	羊羹《ようかん》。唯一、ウナギが嫌い

竜造

長所	バランスのとれた普通人。働き者
欠点	寅さんに似てやや短気
趣味	囲碁、将棋、釣り、盆栽など多趣味
好きな物	酒(ウイスキー党)

●口は悪いが心は温かい仲良し夫婦

車竜造《くるまりゅうぞう》は「とらや」の6代目主人で、寅さんとさくらの父の弟（叔父《おじ》）にあたる。通称・おいちゃん。心臓に持病があるにもかかわらず、ヘビースモーカー。囲碁、将棋、釣り、盆栽など多趣味でウイスキー党。第1〜8作は森《もり》川信《かわしん》、第9〜13作は松村達雄《まつむらたつお》、第14〜49作は下條正巳《しもじょうまさみ》が演じた。森川は「バカだねぇ〜」、下條は「オラ、知らねえよ〜」が口癖。つねとは見合い結婚。

おいちゃんの妻で、おばちゃんとして親しまれているのが、つね（三崎千《みさきち》恵子《えこ》）。若い頃は、日本橋の大きな呉服屋の女将《おかー》になりたかったとか。信心深く、題経寺《だいきょうじ》（通称・帝釈天《たいしゃくてん》）で御百《おひゃく》度参《どまい》りをする姿も。意外にも旅行が好きで、たびたび出かけている（第3、4、12作目）。さくらにとっては、おいちゃん、おばちゃんが育ての親だ。

諏訪博・さくら

すわ・ひろし／すわ・さくら
通称「ひろし」／「さくら」

酒は水割り。特に角瓶のファンである。

兄さん、そろそろこの辺でですね地道な暮らしを考えませんか(博)

前田吟

倍賞千恵子

博

長所　真面目《まじめ》で働き者。大変な勉強家
欠点　学歴コンプレックスがある、理屈っぽい
趣味　野球(スポーツは全般的に強い)、読書
好きな物　酒(ウイスキー党)

さくら

長所　明るく、働き者。思いやりがあり機転がきく
欠点　涙もろい
趣味　洋裁(内職もしている)
好きな物　おばちゃんの作る料理

◉苦楽をともにするオシドリ夫婦

さくら（倍賞千恵子《ばいしょうちえこ》）は寅さんの腹違いの妹。本名は櫻《さくら》。実の兄は秀才だったが早逝《そうせい》。両親も寅さんが家出して間もなく死去したため、叔父《おじ》の竜造《りゅうぞう》夫婦に育てられた。美しく、気立てのやさしい女性である。第1作では、丸ノ内の電機メーカーのキーパンチャーとして登場。結婚後は会社を辞めて洋裁の内職をしている。線路脇のアパートの2階に住んでいたが、のちに家を購入。兄のための部屋も用意していた。

結婚相手の博《ひろし》（前田吟《まえだぎん》）は、裏の朝日印刷の工員。父は北海道大学農学部名誉教授・諏訪颷一郎《すわひょういちろう》。高校をグレて退学し、父とも喧嘩《けんか》して家出。東京でぶらぶらしていたところをタコ社長に声をかけられ就職した。第1作で博は、さくらにフラれたと勘違いしたが、めでたく結婚。1年後、満男《みつお》が生まれた。

家族の履歴書 5

諏訪満男

すわ・みつお
通称「満男」

タコ社長は寅さんが一番幸せだと言うけど でも、伯父《おじ》さんって本当に幸せなのか？（満男）

第46作「寅次郎の縁談」（1993年）に出演した頃の吉岡秀隆《よしおかひでたか》。満男《みつお》の行動が物語の中核となり、存在感を増している。この作品では大学4年生の設定であった。

幼い頃の満男《みつお》を演じ続けた中村《なかむら》はやと。台詞《せりふ》はほとんどなかったが、「とらや」の茶の間のマスコット的な存在となっていた。

長所　向学心にあふれ、素直な性格。明るく友人も多いが、シャイな一面もある
欠点　寅さんに似て少しおっちょこちょい
趣味　音楽（ブラスバンド部ではホーン楽器を担当）。バイクにも乗っている
好きな物　さくらやおばちゃんの作る食事。酒も飲むが寅さんや博《ひろし》のように強くない

◉泉《いずみ》に思いを寄せ続ける好青年

さくらと博《ひろし》の子で、第26作までは中《なか》村《むら》はやと、以後は吉岡秀隆《よしおかひでたか》が演じた。国語が得意で理科は苦手。そろばん塾や英語塾に通うなど、意外と教育熱心な家庭環境にあった。小さい頃はパイロット、高校生になってからは音楽家になることが夢だった。

第42作で「伯父《おじ》さんの老後は、僕が面倒みますから」と電話で伝えたほど寅さんを慕う。第42作から登場する及《おい》川泉《かわいずみ》（後藤久美子《ごとうくみこ》）にぞっこん。この頃から、寅さんに代わって、満男《みつお》と泉が恋物語の中核をなしていく。大学卒業後は、靴メーカーに就職した。

及川泉は満男の高校の後輩。煮え切らぬ満男に後ろ髪を引かれながらも、ほかの男と結婚することに。しかし結婚式当日に満男が邪魔して破談。その後、満男が泉に劇的な愛の告白をした。

仲間の履歴書①

桂梅太郎・あけみ

かつら・うめたろう／かつら・あけみ
通称「タコ社長」／「あけみ」

愛って何なんだろね。あたしさぁ、寅さんと結婚したかったわ（あけみ）

第33作「夜霧にむせぶ寅次郎」（1984年）で結婚したあけみ。仲人に手を取られた花嫁道中だが、あけみよりもタコ社長のほうが緊張している。

タコ社長

長所　楽天的、口は悪いが思いやりがある
欠点　世《せ》知《ち》に長《た》けるが、行動がドンくさい
趣味　ゴルフ、草野球、金勘定
好きな物　酒、パチンコ、キャバレー巡り

あけみ

長所　開放的で明るい性格。親思い
欠点　思ったことをすぐに口に出す。家出歴あり
趣味　結婚してから料理などを勉強中
好きな物　お金のある人

◉「とらや」とは家族同然の付き合い

「とらや」の裏庭に隣接する朝日印刷（第4作までは共栄印刷）の経営者がタコ社長の愛称で呼ばれる桂《かつら》梅《うめ》太《た》郎《ろう》（太《だ》宰《ざい》久《ひさ》雄《お》／第6作では姓は堤《つつみ》）である。妻・小《こ》春《はる》（水《みず》木《き》涼《りょう》子《こ》）と2男2女の6人家族で、長女があけみ（美《み》保《ほ》純《じゅん》）。2番目の女の子はじゅん子。小春は第1作と第6作にのみ登場。工場の敷地内に住むが、家は狭い（第6作に登場）。二人は見合い結婚で、交際することもなく結婚した。ただし、結婚式にいたのは、お見合い相手の姉！　仲人に借金があり、文句が言えなかったとか。

「とらや」とは家族同然の付き合いだが、時にポロリと口が滑って、寅さんやおいちゃん、おばちゃんを怒らせることも。あげくに寅さんと取っ組み合いの喧《けん》嘩《か》になることも少なくない。のちに、博《ひろし》が父の遺産を会社に投資し、

あけみは第33作「夜霧にむせぶ寅次郎」（1984年）から第39作「寅次郎物語」（1987年）まで登場する。口癖は「ああ、腹減った〜」「寅さんいる〜」などで、脱力系女性を演じた美保純《みほじゅん》のキャラクターが立っていた。

そのお金でオフセット印刷機を購入。何かにつけて、税務署や銀行に行くことが多く、始終金策に走り回っている。

娘・あけみの旦那の名はしんご。「真面目《まじめ》すぎてつまらない」という男で、夫婦喧嘩が絶えない。家出してタコ社長がテレビの「尋ね人」に登場したことも。天真爛漫《てんしんらんまん》な娘に手を焼いて、タコ社長がため息をつくなどは日常茶飯事である。

朝日印刷の工員でよく登場するのは、いうまでもなく博だが、その他、中村《なかむら》（笠井《かさい》一彦《かずひこ》）も第15作以降の常連。紅一点のゆかり（マキノ佐代子《さよこ》）も出番が多い。ただし、証券会社の社員など、ほかの役でも登場している。第11作目には、水原《みずはら》（江戸家小猫《えどやこねこ》）も登場。ちなみに、印刷所の2階が寮である。ここからさくらの部屋が丸見えで、博がさくらを見初《みそ》めるきっかけとなった。

仲間の履歴書②

御前様・源公

ごぜんさま／げんこう

通称「御前様」／「源公」「源ちゃん」

お前はまったく成長しとらん困った、困った、本当に困った（御前様）

御前様《ごぜんさま》と源公《げんこう》は境内の掃除をしている場面での登場が多い。

御前様

長所	温厚篤実《とくじつ》、思慮深く、慈悲深い
欠点	特になし
趣味	よく植木に水をやっていることから盆栽
好きな物	「とらや」の草だんご

源公

長所	素直で人の言うことをよく聞く
欠点	口が軽い、寅さんの後ばかり追いかける
趣味	参道の店舗の手伝い（小遣い稼ぎ）
好きな物	「とらや」の草だんご、近所の子供

◉源公《げんこう》は関西弁丸出しの天然キャラ

題経寺《だいきょうじ》（通称・帝釈天《たいしゃくてん》）住職で姓は坪内《つぼうち》。門前では御前様《ごぜんさま》（笠智衆《りゅうちしゅう》）と言われ人々から敬われている。ルンビニー幼稚園の園長でもある。第1作目、奈良で記念写真を撮られる時に「バター」と言って娘に笑われる場面が印象的。寅さんのことを「困った〜、困った〜」と嘆き、手のかかる子供扱いすることが多い。ただし、その無欲さには一目置き、「あれは、あのままでいい」と心では認めている。

そのかたわらに寄り添うのが、源公と呼ばれる源吉《げんきち》（佐藤蛾次郎《さとうがじろう》）である。関西弁の天然キャラ。生後間もなく母親が男と逃げたというだけで、経緯《いきさつ》は不明。第1作では寺男として登場するが、第2作では寅さんの売《ばい》を手伝う。「とらや」で働いていたこともあるが、第9作以降は寺男として定着した。

仲間の履歴書③

三平・佳代

さんぺい／かよ
通称「三平ちゃん」／「佳代ちゃん」

お、おじさん誰よ？（俺はこの家の跡取り〈寅〉）
うっそー。ちょっと（佳代ちゃん）

第43作「寅次郎の休日」（1990年）。江戸川土手で寅さんと出会い、一緒に「とらや」へ帰る三平《さんぺい》ちゃん（左）。第46作「寅次郎の縁談」（1993年）で寅さん、三平ちゃん、佳代《かよ》ちゃんの3ショット。仏頂面《ぶっちょうづら》が佳代《かよ》ちゃんの得がたいキャラクターである（上）。

「とらや」の名物は、よもぎだんご。餡《あん》がたっぷりかかっている。

寅さんは留守の間に勤めていた従業員の早苗《さなえ》（マドンナの大原麗子《おおはられいこ》）に惚《ほ》れたこともある。

●店員といえば三平《さんぺい》ちゃん

「とらや」の最初の店員は、寅さんの舎弟《しゃてい》・登《のぼる》（次頁）であった。寅さんが登を連れて店に戻って以降、5カ月ほど働いている（第1作）。題経寺《だいきょうじ》（通称・帝釈天《たいしゃくてん》）の寺男・源公《げんこう》も、店の配達などを手伝う（第2作）。第40作以降、定着したのが関西訛《なま》りの三平ちゃん（北山雅康《きたやままさやす》）。第48作で、寅さんが2階に置き忘れたカバンを追いかけて届けるシーンが愉快だ。第46～48作には、佳代《かよ》（鈴木美恵《すずきみえ》）も加わっている。第46作では寅さんを見て、無愛想に「お、おじさん誰よ？」。第47作でも同じようなやりとりを繰り返している。

また、第22作では、マドンナも店員として登場する。職安の求人募集を見てやってきた荒川早苗《あらかわさなえ》（マドンナの大原麗子《おおはられいこ》）である。帰ってきた寅さんが一目惚《ひとめぼ》れしたことはいうまでもない。

川又登

かわまた・のぼる
通称「のぼる」

仲間の履歴書④

登《のぼる》(写真下)と寅さんは、絶妙のコンビで啖呵売《たんかばい》を行っていた。一緒に売《ばい》するだけでなく、登が「さくら」となって客寄せすることもしばしば。登も寅さんをまねて啖呵売を行おうとするが、10年早い。寅さんの口上に合の手を入れるのが精一杯である。

兄貴、しばらくぶり、懐かしいなぁ……
まだやってんのかい、こんなこと（登）

長所　目上の人間を敬い、従順。堅気になって子供が生まれてからは子煩悩
欠点　主体性に乏しく、飽きっぽく、やや酒にだらしない
趣味　旅行(一時期、旅行代理店に勤めたことがある)
好きな物　酒(日本酒を飲むことが多い)、寅さんと一緒に醤油ラーメンをよく食べる

◉最後には堅気になった登《のぼる》

舎弟《しゃてい》として登場するのが、登（秋野《あきの》太作《たいさく》／公開当時は津坂匡章《つさかまさあき》）である。青森県八戸《はちのへ》出身で、寅さんとは兄弟盃《きょうだいさかずき》を交わした仲。寅さんを「兄貴～」と慕うものの、寅さんは親心で、堅気にさせようと勧めることが多かった。

そのため第1作では寅さんが「とらや」に登を連れて帰って以降、しばらく店で働いていた。その後、旅立つ寅さんを追いかけて、上野駅構内のさくら食堂で繰り広げられた二人のやりとりが印象的。「一緒に連れてってくれよ」とせがむ登に、心を鬼にして「バカヤロウ、甘ったれるない！」と張り手を食らわしている。それでも最後のシーンで、寅さんと一緒に売《ばい》をしているのが不思議。その後、第4作では旅行代理店の営業マン、第33作では食堂（盛岡）を営み堅気となった。

仲間の履歴書⑤

テキ屋仲間 ご近所さん 幼なじみ

寅さんの周りにご近所さんの輪ができることも。寅さんの右が備後屋《びんご》(佐《さ》山俊二《やましゅんじ》)、おばちゃんの左が弁天屋《べんてん》(二見忠男《ふたみただお》)である。

ポンシュウ(関《せき》敬六《けいろく》)は寅さんと最も長い時間旅した友人である。

◉テキ屋仲間……癖のある面々

寅さんのテキ屋仲間として最も頻繁《ひんぱん》に登場するのが、酒と女が大好きなポンシュウ（1代目・小島三児《こじまさんじ》／2代目・関敬六《せきけいろく》）である。シリーズで二人は、方々で珍道中を繰り広げた。

その他、倉富光枝《くらとみみつえ》（マドンナの音無《おとなし》美紀子《みきこ》）の夫であったカラスの常三郎《つねさぶろう》（小沢昭一《おざわしょういち》）や、すみれ（マドンナの伊藤蘭《いとうらん》）の父・シッピンの常《つね》こと水島《みずしま》常吉《つねきち》のほか、長万部《おしゃまんべ》の熊《くま》（佐山俊二《さやましゅんじ》）、キュウシュウ（不破万作《ふわまんさく》）など。出川《でがわ》哲朗《てつろう》がテキ屋の若衆役として登場したこともあった。いずれも、一癖も二癖もあるような面々ばかりである。

◉ご近所さん……寅さんは厄介者!?

「とらや」とご近所さんとの付き合いは、とても親密。ただし、寅さんが柴又中に知れ渡るほどの不良だったこともあり、ゴタゴタが起こるたびに眉をひそめるのが常。八百屋「八百まん」のおかみさんなどは子供を叱るのに寅さんを引き合いに出し、「あんまり勉強しないと、寅さんみたいになっちゃうよ」と言うほど。リリーと腕組みして歩く姿を見た時には、「寅さんはリリーのヒモ」と陰口を叩《たた》く輩《やから》もいた。

隣組では上海《シャンハイ》軒（桜井《さくらい》センリ）、麒麟《きりん》堂（同）、蓬莱《ほうらい》屋（佐山俊二《さやましゅんじ》）、備後《びんご》屋（同、露木幸次《つゆきゆきつぐ》）、弁天《べんてん》屋（二見忠男《ふたみただお》）、などの店主も登場する。

◉幼なじみ……美人になってビックリ

初期作品のマドンナには幼なじみが多い。冬子《ふゆこ》（光本幸子《みつもとさちこ》）や志村千代《しむらちよ》（八千草薫《やちぐさかおる》）、柳《やなぎ》りつ子《こ》（岸恵子《きしけいこ》）、紅《くれない》奈々子《ななこ》（木《き》の実《み》ナナ）、高井圭子《たかいけいこ》（香《か》川京子《がわきょうこ》）などのほか、江戸家の娘・桃《もも》枝《え》（朝丘雪路《あさおかゆきじ》）も、寅さんの幼なじみ。りつ子の兄として、同窓の柳《やなぎ》（前田武《まえだたけ》彦《ひこ》）が放送作家の役で登場している。

江戸川

故郷の履歴書❶

江戸川は寅さんの母なる川である。
矢切《やきり》の渡《わた》し、取水塔、水元《みずもと》公園などが、
数々の別れや出会いの舞台となってきた。
寅さんが土手道を歩いてくると、
物語の予感がするのである。

冒頭のシーンでは、カップルの邪魔をしたり、映画のロケをぶち壊したりと、江戸川を舞台にミニコントが繰り広げられる。

多くの作品で江戸川の情景がタイトルバックとして使われている。

●冒頭シーンに欠かせない江戸川

映画「男はつらいよ」のタイトルバックに毎回のように登場するのが、江戸川の景観。挿入歌が流れる間に繰り広げられるミニコントの舞台でもある。寅さんが「とらや」に帰って来る時にたどる道筋はこの江戸川の土手。上野駅から常磐《じょうばん》線に乗り換えて、金町《かなまち》駅で下車しているのだろう（上野駅から京成ルートもある）。そのルートをたどれば、途中、とんがり帽子の取水塔を通過する。寅さんと源《げん》ちゃんがよく寝っ転がっていたのも、このあたりだ。

第1作「男はつらいよ」（1969年）で寅さんと博《ひろし》が対決したのは、江戸川に浮かぶ船の中。英語教師の恩師のためにウナギを釣るなど、頻繁《ひんぱん》に登場している。第6作「純情篇」（1971年）では、江戸川を紹介するテレビ番組にも登場。おいちゃん、おばちゃん、さくらなどがテレビに映っていた。

題経寺《だいきょうじ》（通称・帝釈天《たいしゃくてん》）の裏手にある渡し舟が矢切《やきり》の渡《わた》し。対岸の松戸市へ、船頭が漕《こ》ぐ小舟に乗って渡ることができる。今は大人200円、子供100円だが、第1作では、大人30円、子供20円だった。舎弟《しゃてい》の登《のぼる》を置き去りにしたまま旅立つ寅さんが利用したのもこの舟。「お兄ちゃ～ん！」と叫ぶさくらの声と、「兄貴～！ 待ってくれ～！」と懇願する登の声にも振り向かず、船頭に「かまわねえ、どんと行ってくれえ！」という寅さんが格好いい。

この矢切の渡しは、江戸時代初期から幕府が周辺の農民のために設置したもので、明治以降、誰もが利用できるものになった。映画「男はつらいよ」が公開されて以降、利用客が急増したことはいうまでもない。さらに、演歌「矢切《やぎり》の渡《わた》し」が発売されて、人気に

旅先で心に浮かぶのはいつも江戸川の風景
だから寅さんは川がある町を好む

寅さんが柴又《しばまた》に帰る時は、河川敷をゆっくりと踏みしめるように「とらや」に向かう。後ろには江戸川のシンボルの一つ、とんがり帽子の取水塔が見える。

現在でも観光渡船として運行している矢切《やきり》の渡《わた》し。寅さんにとっては故郷への“扉”の一つである(左)。江戸川右岸にある都内最大の親水公園が水元《みずもと》公園。幼い頃の遊び場だ。

拍車をかけた。その演歌歌手・細川《ほそかわ》たかしも第31作に友情出演している。

◉切ない思い出が残る水元《みずもと》公園

第1作の冒頭に映し出されるのが、水元公園のサクラ。映像にかぶさる寅さんのナレーションにも、「ガキの時分ハナタレ仲間を相手に暴れ回った水元公園」と紹介されるほど、なじみ深い。第1作の中盤で寅さんと冬子《ふゆこ》（マドンナの光本幸子《みつもとさちこ》）が船遊びを楽しむのも水元公園。この時は、冬子に秋波《しゅうは》を送ったが、フラれてしまい、土手に座って泣いた。寅さんの「お笑いくださいまし。私は死ぬほどお嬢さんに惚《ほ》れていたんでございます」という語りが切ない。水元公園はこの後、第4作、第7作、第18作にも登場。第18作「寅次郎純情詩集」（1976年）では、源公《げんこう》を連れて、綾《あや》（マドンナの京《きょう》マチ子《こ》）とピクニックを楽しんでいる。

故郷の履歴書②

柴又商店街

題経寺《だいきょうじ》の境内を走り回って御前様《ごぜんさま》に怒鳴られ、
ご近所さんの商店で駄菓子をつまみ食い。
子供の頃、悪さばかりしていた柴又《しばまた》商店街は、
寅さんにとってアミューズメントパークだ。
でもそれは、大人になっても変わらなかった。

第1作「男はつらいよ」(1969年)。
題経寺《だいきょうじ》で寅さんは纏《まとい》を担いだ。

題経寺《だいきょうじ》の本堂(右)と帝釈《たいしゃく》堂(左)。

200m ほどの参道は柴又《しばまた》一の観光名所で、「とらや」のモデルの一つとなった高木屋老舗《たかぎやしにせ》はいつも大賑《おおにぎ》わい。

●幾多の失恋を経験した寅さんの故郷

寅さんとさくらの像が建立されている柴又《しばまた》駅から題経寺《だいきょうじ》（通称・帝釈天《たいしゃくてん》）へ向かう参道が柴又神明会《しばまたしんめい》の商店街。映画では途中に「とらや」があるという設定で、実際、商店街のアーチをくぐると高木屋老舗《たかぎやしにせ》というだんご屋がある。これが「とらや」のモデルの一つとなった店である。ここは参道でロケをする時のスタッフの休憩所としても使用されたところで、店内にはロケ時の写真なども展示されている。

題経寺は江戸時代初期の寛永《かんえい》6（1629）年に開山したという日蓮宗《にちれんしゅう》のお寺である。入り口にそびえるのは二《に》天門《てんもん》（増長天《ぞうじょうてん》と広目天《こうもくてん》を安置）で、門をくぐったところに、開山の元となった霊泉「御神水」が、コンコンと湧き出ている。寅さんが、「帝釈天で産湯《うぶゆ》をつかい〜」といったのは、ここの水

「さくら、あばよ。体に気をつけてな」（寅）
「お兄ちゃん、今度はいつ帰るの？」（さくら）

参道入り口には、映画のフィルムをモチーフとした碑に山田《やまだ》監督の直筆で寅さんの口上が刻まれる。

参道の入り口には渥美清《あつみきよし》が寄贈した常夜燈《じょうやとう》が立つ。左写真の山田《やまだ》監督の碑の隣である。

のことだろう。その奥の帝釈堂内殿には、法華経《ほけきょう》の説話を再現した彫刻が飾られている。大正時代後期から昭和時代初めに彫られたもので、今は彫刻ギャラリーとして有料公開されている。

第1作の主舞台は、この二天門から柴又駅まで全長約200mの参道。20年ぶりに帰ってきた寅さんが題経寺の境内で威勢良く祭りの纏《まとい》を回し、「とらや」でさくらと再会。愛しい冬子《ふゆこ》（マドンナの光本幸子《みつもとさちこ》）と手をつなぐことができた寅さんは、浮かれて夜の参道を鼻歌交じりで「とらや」に駆け戻った。今は、お土産屋《みやげや》や食事処、仏具店など50数軒が建ち並んで、連日多くの観光客で賑《にぎ》わっている。

なお、第1作でさくらと博《ひろし》の結婚披露宴の会場として登場する川魚料理店「川甚《かわじん》」は、参道から少し離れた江戸川寄りにあるウナギの名店だ。

柴又駅・上野駅

故郷の履歴書③

「とらや」のみんなに早く会いたい！
東北や上信越の地方都市から
寅さんの思いを乗せた各駅停車は、
上野駅の13から旧20番線の頭端式《とうたんしき》ホームに到着。
下車するとその後ろ姿は、京成上野《けいせいうえの》駅方向に消えていく。

上野御徒町《うえのおかちまち》中央通りから見た上野駅。正面入り口は竣工当時と変わらない。

柴又駅前。「フーテンの寅像」は平成11（1999）年の建立で、「見送るさくら像」は平成29（2017）年の建立。兄妹愛がひしひしと伝わってくる構図である。

◉出会いと別れを演出した故郷の駅

「とらや」の最寄駅といえるのが、京成電鉄の柴又《しばまた》駅。歴代マドンナが降り立つのも、寅さんが旅立つのも、この駅である。ただし、単に乗り降りするだけの駅だけでなく、名舞台として登場する。まず、第1作「男はつらいよ」（1969年）では、愛の告白後、故郷に帰ろうとする博《ひろし》と、追いかけるさくらのやりとりが必見。駅のホームに立つ博。すでに電車はプラットホームに入っている。「博さ～ん！」と叫ぶさくらの声に気づいて振り返る博と、改札を無理やり通り抜けるさくら。ホームへと駆けてゆくさくらの笑顔に涙した人も多いはず。

第6作「純情篇」（1971年）では、ホームで寅次郎の首にマフラーを巻いてやりながら、「お兄ちゃん、つらいことがあったら、いつでも帰っておいでね」とさくらが寅さんを思いやる。第32作「口笛を吹く寅次郎」（1

昭和7(1932)年に竣工した上野駅の2代目駅舎。右下の写真のように駅舎は現在でも現役。寅さんもここから、夜行列車で旅立って行った。

第1作「男はつらいよ」（1969年）。上野駅と銀座線、京成上野《けいせいうえの》駅を結ぶ地下通路にある食堂街でラーメンをすすりながら、登《のぼる》に説教をたれる寅さん。柴又《しばまた》から京成上野駅へ出て、地下通路を通って上野駅へ向かったのだろう(左上)。第22作「噂の寅次郎」(1978年)では、「とらや」の新しい従業員・早苗《さなえ》(マドンナの大原麗子《おおはられいこ》)が立石《たていし》から柴又へ通っていた(左)。

983年）では、寅さんの本心を確かめようと訪ねてきた寺の娘・朋子《ともこ》（マドンナの竹下景子《たけしたけいこ》）を見送る際のシーンも印象的であった。

東京の玄関口となっていた上野駅は初期の各作に登場する。舞台となったのは、京成上野《けいせいうえの》駅への地下通路の食堂街で、寅さんはいつもここでラーメンを食べていた。舎弟《しゃてい》の登《のぼる》を張り飛ばして田舎に帰そうとした第1作や、第11作「寅次郎忘れな草」（1973年）でさくらにトランクを届けてもらったのも食堂街であった。その第11作。寅次郎がラーメン代を払おうとして開けた財布には500円札が1枚しか入っていない。見かねたさくらは財布を取り上げ、「お金、もっと持って来ればよかったね……」と言いながら、ありったけのお札を涙ながらに入れた。上野駅は心に残る名シーンの舞台である。

「寅さん」もっと知りたい名言

「おう? てめえ、さしずめインテリだな」

単純明快かつ深い寅さんの言葉

寅さんといえば、気っぷの良さが売り物。いつも軽口《かるくち》ばかり叩《たた》いているような印象だが、実はけっこう名言を残している。筆頭が第39作「寅次郎物語」（1987年）での満男《みつお》の素朴な問いかけに対する答えである。「人間ってさ、何のために生きてんのかな?」この真面《まじ》目《め》な甥《おい》の唐突な質問に、一瞬戸惑いながらも、すかさず答えたのが、「あぁ、生まれてきて良かったなって思うことが何べんかあるじゃない。そのために人間生きてんじゃねえか」。小難しいことを言わず、さりげなく自分の思いを語る寅さん。単純明快、それでいて深い。この何気ない言葉に、感動を覚えた人は多いはず。

また、第40作「寅次郎サラダ記念日」（1988年）でも名言を残す。こちらもまた、満男とのやりとり。勉強とは縁遠い寅さんに対して「何のために勉強するのか?」と問いかけること自体、不条理だが、どっこい、寅さんはここでも満男を唸《うな》らせた。まずは、「人間、長い間生きてりゃいろんなことにぶつかるだろう。な、そんな時、俺みてえに勉強してないやつは、この振ったサイコロの出た目で決めるとか、その時の気分で決めるよりしょうがない」と自らを振り返り、「勉強したやつは自分の頭できちんと筋道を立てて、『はて、こういう時はどうしたらいいかな?』と考えることができるんだ。だからみんな大学行くんじゃないか、そうだろう」。これには満男に限らず、誰もがなるほど、と思ってしまう。明快だが、これに勝る答えはないのではないか。

自身の恋愛には役立たなかったものの、寅さんの恋愛観にも頷《うなず》けるものがある。第16作「葛飾立志篇」（1975年）において、恋敵《こいがたき》の田所《たどころ》教授（小林桂樹《こばやしけいじゅ》）を相手に「恋愛とは何か?」を説いた寅さんの一言が心憎い。「ああいい女だなあと思う。その次には、話がしたいなあと思う。ね?」、寅さんの言葉はわかりやすいだけに、頭にすっと入ってくる。「その次にはもうちょっと長くそばにいたいなあと思う。そのうちこう、なんか気分が柔らかぁくなってさ、ああ、もう、この人を幸せにしたいなあと思う。この人のためだったら命なんかいらない、もう、俺死んじゃってもいい、そう思う。それが愛ってもんじゃないかい?」と。この言葉に教授は、以後寅さんを師と仰ぐほどであった（この作品では教授自身もフラれている）。

効果的に使われる決まり文句

短いフレーズでは、初期作の「おう? てめえ、さしずめインテリだな」（第2作）が筆頭。「さしずめ」という言葉で相手との距離感をはかり、「インテリ」という言葉で自分の立ち位置を明確にし、コンプレックスを武器に変えている。言葉に力があるのがいい。「それを言っちゃあ、おしまいよ」もおなじみのフレーズで、怒り心頭に発した時の決まり文句。映画では場面転換のキューのように効果的に使われている。

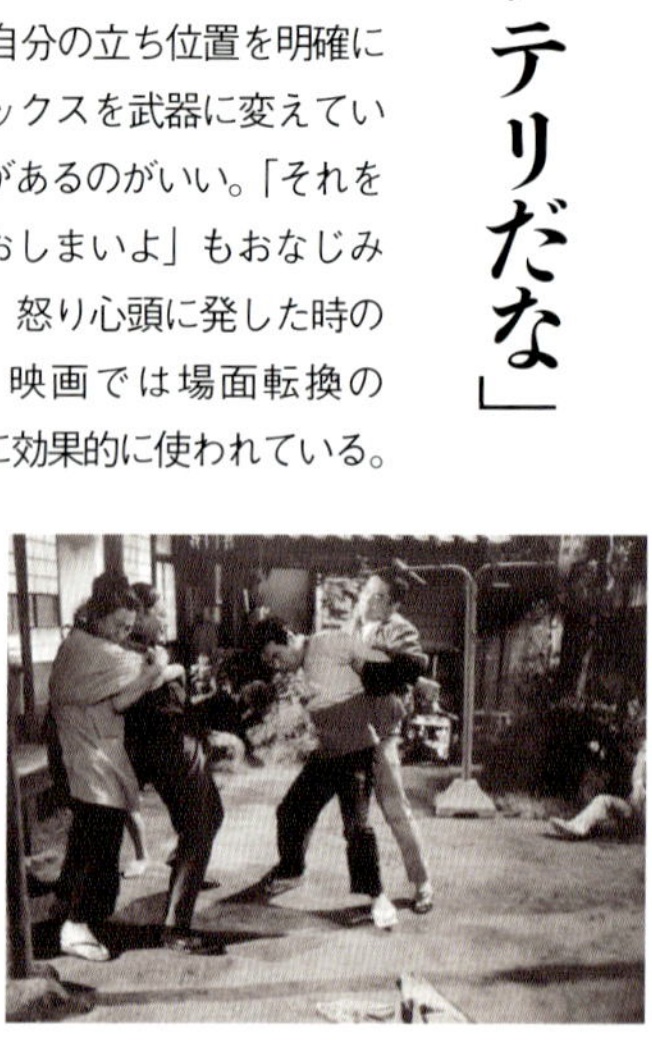

喧嘩《けんか》のきっかけになる言葉が「それを言っちゃあ、おしまいよ」。その後、「表へ出ろ」となって、おいちゃんやタコ社長と取っ組み合いとなる。

鑑賞編①

第2章

懐かしい寅さんの世界

◉昭和アナトミア………今を生きる答えは「昭和」という時代にある

寅さんを通して「昭和」を追体験しよう

シリーズ全49作のうち、平成時代の作品は第41作「寅次郎心の旅路」（1989年）以降の9作で、残る40作は昭和に公開されている。つまり寅さんの昭和時代は第1作「男はつらいよ」（1969年）から第40作「寅次郎サラダ記念日」（1988年）までの約20年間である。

この時代の日本は明治維新を除けば、近・現代史の中で最も激しく変化した時代であった。終戦から10年、ようやく混乱期を脱して、「もはや戦後ではない」（『経済白書』）という言葉が流行語になったのが昭和31（1956）年。工業生産は戦前の2倍に達し、その後の10年、つまりシリーズ公開時にはさらにその数倍の発展を果たしている。

第1作の公開は、今からちょうど50年前の昭和44（1969）年。高度経済成長の真っただ中にあり、東名高速道路が全線開通し、アポロ11号が人類史上初の月面着陸に成功した年である。人々は上昇気流に浮かれ、浮き立つような時代であった。それから昭和が終わる約20年間は、物理的な時間よりも変化の物差しで測った時間として長かった。

世の中は昭和元禄《しょうわげんろく》・バブル経済を経て低成長時代に入ったが、技術革新は文字通りの日進月歩であった。シリーズにはそれがしっかりと定着している。例えばテレビ。公開時は白黒のいわゆるガチャガチャダイヤル式、大きさも15型（15インチ）程度であった。それがやがて21型のカラーに変わり、タッチ式チャンネルとなり、リモコン制御となった。テレビだけでなく、交通インフラやファッションなども劇的に変化し、国民の意識も「個」が重要視されるようになり、ニューファミリー化、核家族化が進んだ。

シリーズはそんな日本を的確に記録していて、昭和20年、30年代生まれのファンにはたまらない魅力がある。それは青春時代への回帰であり、自らの道程を重ね合わせることができる「心の世界」なのである。ファンは寅さんを通して昭和を追体験し、今を生きる鏡としているのだ。「寅さん＝昭和」という図式が生まれる所以《ゆえん》である。

もっとも、描かれる世相とは裏腹に「とらや」の面々は、分《ぶん》を守ってつつましやかに暮らしている。寅さん自身も自分流を貫き通し、変化に背を向けて淡々と生きていた。世間の常識では推し量れぬ風来坊《ふうらいぼう》で、車の免許も持ち合わせず、田舎の野道をポクポクと歩いてひたすら稼業に励んだ。懐は常に寂しく、女房もいない。名誉や権力とは無縁。ないない尽くしの男は、時代遅れも甚だしい昭和の落ちこぼれであった。

しかし、そんな男を温かく包み込むのが「とらや」の家族、柴又の人々、そして旅先で出会ったマドンナなのである。シリーズのテーマは幸福とは何か、家族とは何かである。その答えは遠くに過ぎ去った昭和という時代にある。

お茶の間劇場

茶の間は昭和の家族の情報交換の場所である。自慢話を披露し、悩みを打ち明け、怒り、悲しみ、大声で笑う。座卓を囲んで膝つき合わせれば、明日への活力がわいてくる。

第13作「寅次郎恋やつれ」(1974年)。歌《うた》子《こ》（マドンナの吉《よし》永《なが》小《さ》百《ゆ》合《り》）を迎えた団《だん》欒《らん》の一時。博《ひろし》とおいちゃんは好物の角瓶を飲んでいる。後ろが仏間である。

●茶の間で浮き彫りになる旅人の孤独

「恥ずかしきことの数々」をしでかし、「もう二度と帰っちゃこねえよ」と柴又を飛び出した寅さんだが、異郷の空にあって、思い出すのは故郷のことばかり。このシリーズの眼目の一つは、寅さんの孤独と「とらや」での団欒《だんらん》、つまり、寅さんの放浪生活と、定住者である「とらや」一家の暮らしぶりとの対比にある。

「とらや」は一つ何十円、何百円というだんごを売っての日銭商いをしている。薄利多売の手堅い商売だ。骨休めの旅に出られるなんて数えるほど。行く先を「風に聞く」寅さんのように、自由気ままな旅人暮らしとは真逆の生活である。柴又《しばまた》では地と空の接するあたりが茜《あかね》色に染まり、題経寺《だいきょうじ》（通称・帝釈天《たいしゃくてん》）の鐘の音が柴又にひびき渡ると、それをしおに、それぞれの家に灯

「とらや」の茶の間は小さな劇場　主役はいつも寅さんである

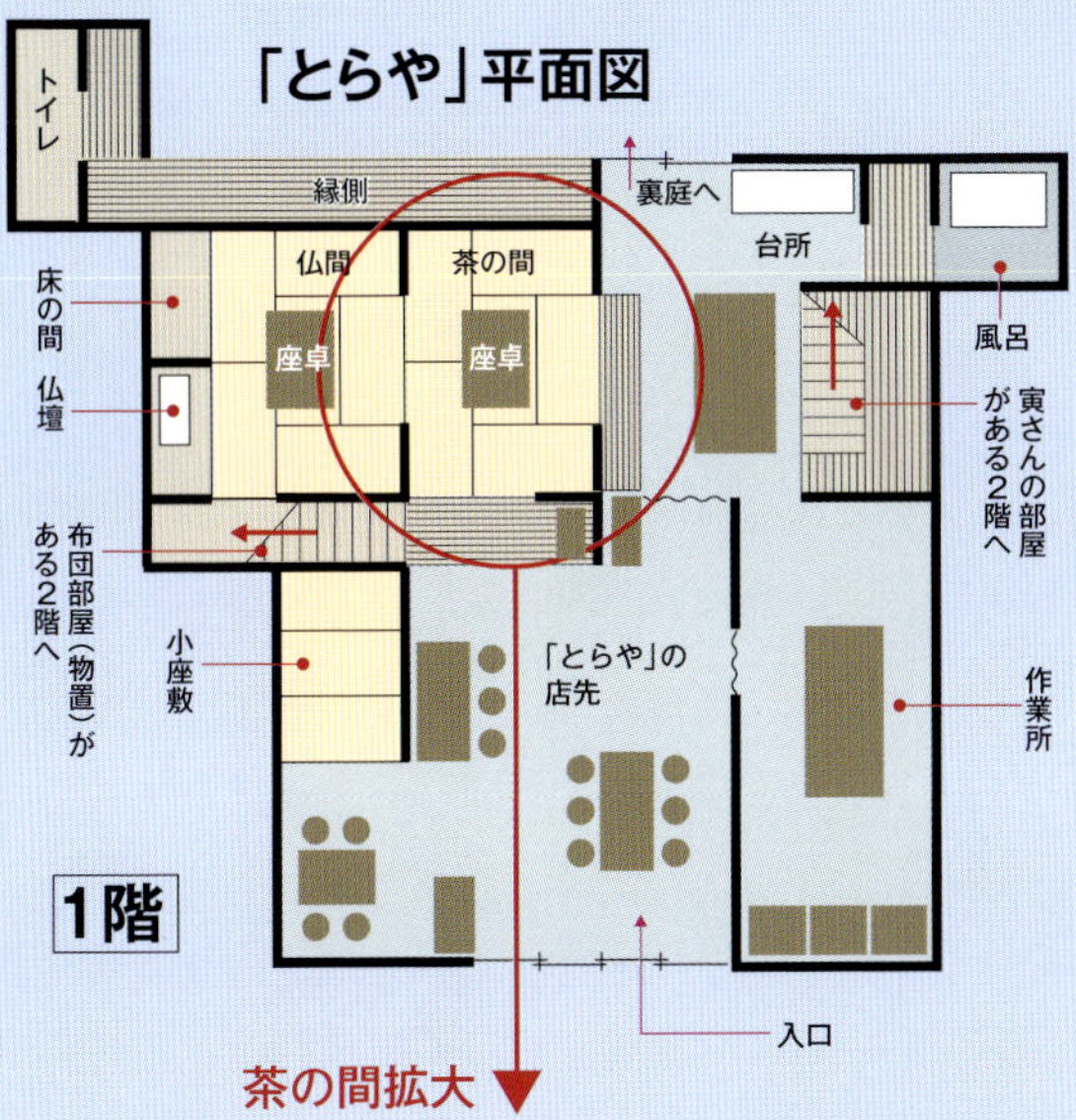

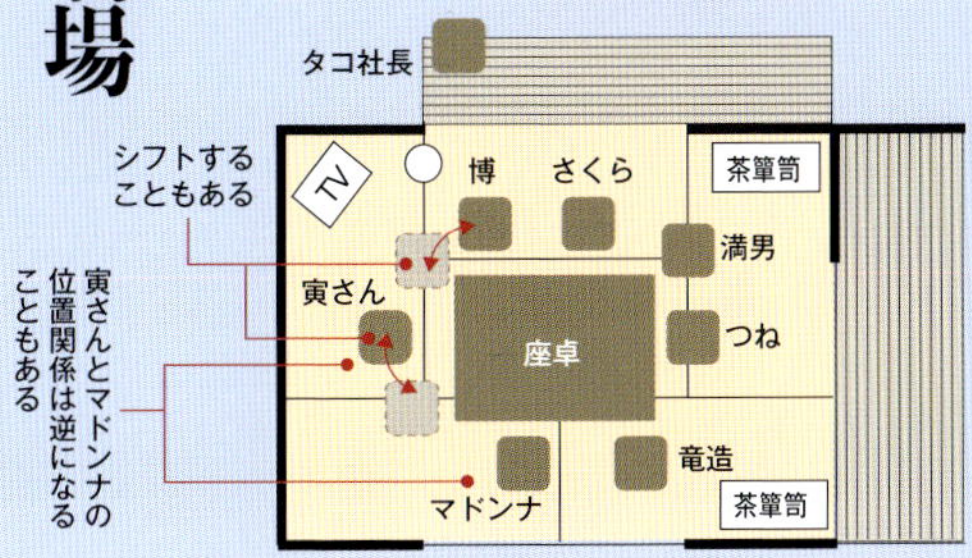

寅さんが帰ってくると茶の間でおばちゃんの手料理を囲んでの夕食（昼食の場合も）となる。座卓に坐る場所は決まっていて寅さんはテレビの左横である。タコ社長はほとんどの場合、土間の上がり框《がまち》に坐って話の輪に加わる。

が入り、家族は茶の間で夕餉《ゆうげ》を囲む。

ちゃぶ台や座卓に乗っているのは、イモの煮っころがしやアジの開き。それにビールか安酒。けっして豪華ではないが、それでも十分に満ち足りる。というのも、ここでの主菜は食事ではなく家族の話の輪にあるからだ。

一家揃ってちゃぶ台を囲む平凡な営み。昭和の時代はこれが生活の基本であった。寅さんやマドンナを交えた賑《にぎ》やかな食卓はその典型なのである。

「とらや」の面々は、寅さんが帰ってくれば必ず温かく迎える。飲まず食わずの行き倒れ状態で帰郷しても、それは変わらない。けれども、こうした一家団欒も時として険悪な事態となる。たいていは寅さんが張本人で、大喧嘩《おおげんか》に発展するが、その落差の大きさを観客はいつも期待する。「とらや」の茶の間は小さな劇場なのである。

アナログ旅

列車の旅は、ただ移動することだけが目的ではない。相席した乗客との触れ合い、車掌とのやりとり、駅での別れ……。急ぐ必要がない旅だからこそ、人と人との機微《きび》が浮き彫りになる。

ゆったりと時が流れるローカル線の駅（上）。第9作「柴又慕情」（1972年）。福井県の東《ひがし》古市《ふるいち》駅（現・永平寺口《えいへいじぐち》駅）で、歌子《うたこ》（マドンナの吉永小百合《よしながさゆり》）と別れを惜しんだ（右）。

ローカル線の車内では会話が弾むが、ときには揉《も》めごとも。第42作「ぼくの伯父《おじ》さん」（1989年）では、おせっかいがもとで、おじいさん（イッセー尾形《おがた》）と喧嘩《けんか》になった。

●計画のない旅から物語は生まれる

「男はつらいよ」シリーズが始まった当時、乗り物の主役は鉄道とバスだった。マイカー時代はまだ幕開けの段階である。よって旅をする場合は、まず時刻表をめくって計画を立てた。

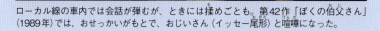

旅のスケジュール表は、余白があればあるだけ楽しい思いが待っていると心得た旅人は、新幹線や飛行機を使うような忙《せわ》しない旅はしない。そう、寅さんのことだ。そもそも旅の目的地などあってないようなもの。どこで下車するかなど頭の中にない。よって利用するのは、もっぱら各駅停車である。これなら地元の人と交流でき、寅さんなりの情報が仕入れられる。今流にいえばスローな旅なのである。

寅さんは、第25作「寅次郎ハイビスカスの花」（1980年）のラストシーンで、マドンナのリリー（浅丘《あさおか》ルリ

各駅停車の列車内は寅さんの社交場
偶然の出会いが物語を豊かにする

第34作「寅次郎真実一路」(1984年)。映画が公開された年に廃線となった鹿児島交《かごしまこう》通枕崎線《つうまくらざきせん》の路線跡をポンシュウとともに歩く。鉄道が似合う男、それが寅さんだ。

子《こ》）と再会する。ところは群馬県・草《くさ》津《つ》温泉にほど近いバス停の上荷付場《かみにつけば》。

バスを待ちくたびれてウトウトしている寅さんの前に、一台のマイクロバスが停まった。白いパラソルをさした女が降りて近づいてくる。気配を察した寅さんが、目を上げると、女はサングラスをはずしてニッコリ。大輪《たいりん》の花が開いたような笑みを浮かべているのは、ほかならぬリリーではないか。

「どこかでお目にかかったお顔ですが、姐《ねえ》さん、どこのどなたです？」

「以前、お兄さんにお世話になった女ですよ」

「はて、こんないい女をお世話した憶《おぼ》えはございませんが」

「ございませんか、この薄情者！」

二人は大声で笑いつつ、マイクロバスに乗って去って行く。〝昭和のアナログ旅〟は思い出メーカーなのである。

縁日の記憶

老若男女を問わず、人々は楽しみを求めて縁日にやってくる。
勇壮な祭りでも、小さな神社の初詣でも、
そのさんざめく賑《にぎ》わいがさまざまな思い出を紡ぎ出す。

第10作「寅次郎夢枕」(1972年)。舎弟《しゃてい》の登《のぼる》とともに、「物の始まりが一ならば島の始まりが淡路島……」と鮮やかな口上で古本を売る寅さん。山梨県須玉《すたま》町(現・北杜《ほくと》市)の唐土《とうど》神社で撮影された。

◉立て板に水を流すがごとくの啖呵売《たんかばい》

テキ屋の世界では、縁日《えんにち》や寺社の祭礼で品物を売ることを「売《ばい》」と称する。

彼ら露天商の扱う品物はさまざまだが、近年見かけることがめっきり少なくなったのは、舌先三寸《したさきさんずん》に売り口上を乗せての説明販売である。この売り口上を啖呵《たんか》、啖呵をつけての商いを啖呵売という。啖呵売の中でも、客を大きく輪に集めて、いっぺんにたくさんの品をさばいてしまうのが大ジメ。啖呵売の花形で、寅さんが毎度、披露しているのはこれだ。

彼の啖呵売は神業《かみわざ》といっていい。

「七つ長野の善光寺《ぜんこうじ》、八つ谷中《やなか》の奥寺《おくでら》で、竹の柱にカヤの屋根。手鍋さげてもわしゃいとやせぬ。信州信濃の新そばよりも、あたしゃあなたのそばがよい。あなた百までわしゃ九十九まで、ともにシラミのたかるまで」

啖呵売《たんかばい》は寅さんの真骨頂
流れるような口上で人々を引きつける

第37作「幸福《しあわせ》の青い鳥」（1986年）。山口県萩《はぎ》市の平安橋《へいあんばし》で運動靴を売る。その前を通るのは萩時代まつりの大名行列。ロケでは祭りを再現して撮影されることも多かった。

第46作「寅次郎の縁談」（1993年）では、栃木県烏山《からすやま》町（現・那須《なす》烏山《からすやま》市）の山あげ祭で易断を。

商売道具をトランクに入れて持ち歩いたわけではないが、トランクには寅さんの全財産が入っていた。

一瞬の遅滞もなく、立て板に水を流すかのごとくである。この名調子だけで、映画館の入場料金の元を取った気分になる。

「四谷《よつや》赤坂麴町《こうじまち》、チャラチャラ流れるお茶の水、粋《いき》な姐《ねえ》ちゃん立小便《たちしょんべん》。白く咲いたが百合《ゆり》の花、四角四面は豆腐屋の娘、色は白いが水くさい！」

いかがですか。神社の境内《けいだい》にところ狭しと並ぶ店先で、鼻水を垂らしながら味わった綿飴、焼きイカ、トウモロコシ、そして漂い流れるアセチレンガスの匂いを思い起こされたのでは？

縁日や祭礼の花形とはいっても、テキ屋稼業は、しょせん浮草暮らしである。寅さん自身「テキ屋殺すにゃ刃物はいらぬ、雨の3日も降ればいいってね」と自嘲《じちょう》する。けれど、額《ひたい》に汗して働く地道な暮らしには、どうやっても入れない。旅人の性《さが》である。

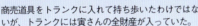

港町の黄昏

小さな港町には、どことなく寂しさがつきまとう。打ち寄せる波に揺れるもやい船や、闇に響く汽笛の音に誘われて、いつしか自分を見つめ直す時間が訪れる。

第31作「旅と女と寅次郎」(1983年) では、佐渡島・宿根木《しゅくねぎ》港近くの沢崎鼻《さわさきはな》でロケ。この写真は宣伝用のもので、実際には寅さんとはるみ (マドンナの都《みやこ》はるみ) がたらい舟に乗るシーンは撮影されなかった。

第29作「寅次郎あじさいの恋」(1982年)。丹後半島・伊根《いね》の小さな船着き場で、かがり (マドンナのいしだあゆみ) を励ます。寅さんのしみじみとした語りが、港町の風景にしっくりと溶け込んだ。

◉港町情緒が己の心情を吐露させる

シリーズを通して、最も頻繁《ひんぱん》に登場する交通機関は鉄道だが、漁船や連絡船、渡し船といった船舶もかなりの回数にのぼる。当然、船が離発着する港もたびたび映し出された。

山田洋次《やまだようじ》監督の「ロケ先には、ひなびた地を」との意向に沿って、舞台には情緒を感じさせる小さな港町や漁港が選ばれている。北海道・奥尻《おくしり》島の奥尻港（第26作「寅次郎かもめ歌」１９８０年）、佐渡島の小木《おぎ》や宿根木《しゅくねぎ》の港（第31作「旅と女と寅次郎」１９８３年）、伊豆半島の足保《あしぼ》港（第36作「柴又より愛をこめて」１９８５年）、長崎県福江《ふくえ》島の福江港や玉之浦《たまのうら》港（第6作「純情篇」１９７１年）などだ。

印象が鮮烈な港といえば、第29作「寅次郎あじさいの恋」（１９８２年）の丹後半島・伊根《いね》漁港の舟屋《ふなや》群をはずす

静かな港町の埠頭《ふとう》で海を眺めていると おのずと心が解き放たれてくる

物思いにふける寅さん。第46作「寅次郎の縁談」（1993年）の撮影時に香川県の志々島《しししじま》で撮られた宣伝用写真。マドンナを思う気持ちが表情に表れている。

わけにはいかない。寅さんは、京都の町で人間国宝・加納作次郎《かのうさくじろう》（13代・片岡仁左衛門《かたおかにざえもん》）の家に厄介になり、家政婦のかがり（マドンナのいしだあゆみ）を知る。かがりは、加納の弟子の一人と恋仲だったが、彼に裏切られ、郷里の丹後半島へ帰郷してしまう。

娘と母親の3人で暮らしているところへ、寅さんが訪ねてくる。前々から寅さんを憎からず思っていたかがりは、勇を鼓《こ》して、寅さんの寝床へ忍んでいく。だが、そうと気付きながら、彼は寝たふりを通してしまうのだった。女性には及び腰な寅さんではあるが、身を固める絶好のチャンスをみすみす逸したのが惜しまれてならない。

近年、伊根の舟屋群の人気がヒートアップしてきたが、ロケ当時はさほどのことはなかった。山田洋次監督の先見の明というべきだろう。

第17作「寅次郎夕焼け小焼け」(1976年)。兵庫県たつの市の旧ヒガシマル醤油第二工場近くで、ぼたん(マドンナの太地喜和子《たいちきわこ》)と。ぼたんとの出会いを作ってくれた画家・青観《せいかん》に感謝し、醤油樽に乗って手を合わせる。

城下町慕情

伝統が息づき、古きものを大切に継承する城下町。そこには、風情ある町並みや古来の行事ばかりでなく、日本人が育んできた人情も色濃く残る。

◉城下町の伝統と文化が物語の糸口に

日本の都市は、江戸時代の城下町を基盤に発展したケースが少なくない。住人気質《じゅうにんかたぎ》は、港町と比べると保守的だが、いったん知り合ってしまえば気心知れた仲となる。

その好例が愛媛県大洲《おおず》市だ。第19作「寅次郎と殿様」(1977年)で、寅さんが大洲に長居するきっかけは、次のような次第であった。

彼が大洲城址《じょうし》で軽くなった財布の中身を確かめていたところ、虎の子の500円札が風にさらわれてしまう。空から降ってきた札を拾ったのが16代目のお殿様(嵐寛壽郎《あらしかんじゅうろう》)。お礼にとラムネを御馳走《ごちそう》すると「甘露《かんろ》じゃのう」。拾い主が殿様とは露知らぬ寅さん、「甘露? 殿様みたいな口をきくじゃねえか」と、すっかり意気投合してしまう。「粗餐《そさん》を進ぜたい」という殿様につい

しっとりとして趣に満ちた城下町の風景 なぜか寅さんによく似合う

第28作「寅次郎紙風船」(1981年)。城下町の面影を色濃く残す秋月《あきづき》(福岡県朝倉《あさくら》市)の築地塀《ついじべい》に沿って歩きながら、光枝《みつえ》(マドンナの音無美紀子《おとなしみきこ》)としんみり語り合う。

第32作「口笛を吹く寅次郎」(1983年)。高梁《たかはし》の町を見下ろす公園で、恋に悩むひろみ(杉田《すぎた》かおる)の相談にのる寅さん。

第19作「寅次郎と殿様」(1977年)。再会した殿様の執事役・三木《みき》のり平《へい》と大洲城《おおずじょう》址《し》で共演するラストシーン。

ていくと、住人が深々と腰を折って挨拶する。自分に挨拶してくれたと勘違いした寅さん、「行儀がいいねえ、殿様のしつけが厳しかったんだ」とご満悦。

世間知らずの殿様と、はしっこい執事(三木《み》のり平《へい》)、寅さんがからむシーンは、何度観《み》ても吹き出してしまう。江戸城中の刃傷《にんじょう》松の廊下の事件をもじっている場面だが、三木のり平のセリフ「お出会えめされ!」が、ことのほかおかしい。

第8作「寅次郎恋歌」(1971年)、第32作「口笛を吹く寅次郎」(1983年)の舞台となった城下町、岡山県高梁《たかはし》市は、博《ひろし》の父・諏訪飈一郎《すわひょういちろう》の生家があり、寅さんも足を運んだ。高梁川の河岸に広がる静かな城下町で、武家屋敷などが残り、城下町情緒たっぷり。旅人を温かく迎えてくれる包容力のある町である。

温泉ロマン

年季を感じさせる木造の旅館、古色を帯びた共同浴場……。
古くから栄えた温泉地には、独特の風情が漂う。
人々はくつろいだ気分で酒を酌み交わし、愛を囁《ささや》き合う。

シリーズでは、49作中12作に温泉地が登場。およそ4本に1本の割合だ。第30作「花も嵐も寅次郎」（1982年）のエンディングは、大分県別府市で啖呵売《たんかばい》をする寅さんを写した後、「終」の文字が湯けむりを上げる鉄輪《かんなわ》温泉（左）の風景に重なる。

世界文化遺産・重要伝統的建造物群保存地区という2冠に輝く温泉津《ゆのつ》温泉の町並み。第13作「寅次郎恋やつれ」（1974年）で寅さん、さくら、タコ社長が訪れた。

●湯けむりの上がる町での騒動尽くし

乗り越し精算に回ってきた車掌（笹《ささ》野高史《のたかし》）に「疲れがスーッと抜けるような温泉でさ、女将《おかみ》さんがやさしくって、酒がうまくって、どっかこのへんに、そんな気のきいた温泉ねえかい」（第41作「寅次郎心の旅路」1989年）などとのたまっては、しきりに温泉地に現れる。寅さんの旅の一つの流儀である。

日本の温泉地は優に三千カ所を超すというが、寅さんほど温泉地を騒がせた男はいないだろう。その筆頭は、第18作「寅次郎純情詩集」（1976年）における長野県上田《うえだ》市の別所《べっしょ》温泉での一件。多数の文人も訪れた由緒正しい温泉の〝汚点〟となる騒動を引き起こした。寅さんはこの温泉で偶然、贔屓《ひいき》にしている旅芸人一座と再会する。

懐かしさに舞い上がった寅さん、座

温泉は人と人との出会いの場だが、寅さんは美人女将《おかみ》に惚《ほ》れてしまい長逗留《ながとうりゅう》

第30作「花も嵐も寅次郎」(1982年)。寅さんは、大分県由布《ゆふ》市の湯平《ゆのひら》温泉の旅館（寅さんの常宿）で、若い女性の二人連れ、それに母の墓参りに来た三郎《さぶろう》（沢田研二《さわだけんじ》）と知り合う。なりゆきで三郎の母の供養を旅館で行い、翌日は湯平から城下町の杵築《きつき》観光へ出かけた。寅さんは温泉での出会いを大切にする人なのである。スチールは久大《きゅうだい》本線湯平駅で会話が弾む二人連れと寅さん。

第3作「フーテンの寅」(1970年）は三重県の湯の山温泉が舞台。旅館の女将《おかみ》を見初《みそ》めた寅さんは、印半纏《しるしばんてん》を羽織って番頭として働くことに。自分のことは棚に上げて、女将の弟・信夫《のぶお》（河原崎建三《かわらざきけんぞう》）と染奴《そめやっこ》（香山美子《かやまよしこ》）の恋の仲立ちをする。

員一同を旅館に招いて、飲めや歌えの大盤振舞《おおばんぶるまい》に及んだ。だが、財布の中身はおおかた500円札一枚きりの男だ。逆立ちしても料金を払えないのは最初からわかっている。結局、無銭飲食《むせんいんしょく》のかどで留置されてしまうお粗末。

尻ぬぐいのため、さくらが警察署を訪れて以降のシーンが実におかしい。彼のノーテンキさ加減をとっくりと堪能できるはずだ。

三重県菰野《こもの》町の湯の山温泉では、何と番頭として旅館に居ついてしまう（第3作『フーテンの寅』1970年）。女将（マドンナの新珠三千代《あらたまみちよ》）にぞっこんなのだ。この旅館へ骨休めにきたおいちゃん、おばちゃんは、番頭姿の甥《おい》っ子にびっくり仰天。さらに、ある事情から女将の弟と橋の上で決闘する破目となり、川に落ちる体《てい》たらく。いやはや、人騒がせな男である。

離島の郷愁

都会の喧騒《けんそう》をよそに、離島では時間がゆっくりと流れる。
隔絶された土地だけに住民たちの絆《きずな》は強いが、
けっして閉鎖的ではなく、〝異邦者〟も温かく迎え入れてくれる。

第36作「柴又より愛をこめて」(1985年)。伊豆諸島・式根《しきね》島の大浦《おおうら》海岸で真知子《まちこ》(マドンナの栗原小巻《くりはらこまき》)としんみり語り合う。独身であることを指摘されると、寅さんは照れるばかり。

第46作「寅次郎の縁談」(1993年)では、瀬戸内の島を舞台に満男《みつお》と亜矢《あや》(城山美佳子《しろやまみかこ》)の切ない恋が繰り広げられた。泉《いずみ》を愛し続ける満男だが、亜矢の積極的なアプローチに気持ちが動く。だが、結局は逃げるように島を去る。このあたりはやはり寅さんの甥《おい》である。

●哀愁を帯びた離島で情にほだされる

「国の始まりが大和の国なら、島の始まりが淡路島」と威勢のいい啖呵《たんか》を切る寅さん。北から南までたくさんの島に足跡を印《しる》している。北の海に浮かぶ奥尻《おくしり》島、日本海の荒波寄せる佐渡島、海岸に天然温泉が湧き出す伊豆七島の式根《しきね》島、郵便船が通っていそうな瀬戸内海の島々など。

真っ先に紹介したいのは、第6作「純情篇」(1971年)の玉之浦《たまのうら》港である。福江《ふくえ》島の南西にある漁港だ。

寅さんは、長崎で知り合った赤ん坊連れの絹代《きぬよ》(宮本信子《みやもとのぶこ》)とともに、連絡船で福江島に渡る。下船する客の横では、丸々と太った牛がクレーンで吊《つ》り降ろされている。神戸や横浜のような豪華客船が入る港では、考えられないユーモラスな光景である。

絹代は父親の反対を押し切って駆け

連絡船で離島へ渡る寅さん そこには魅力的な出会いが待っていた

第46作「寅次郎の縁談」(1993年)。琴島と名づけられた瀬戸内海の小島で、寅さんは病気療養中の葉子《ようこ》（マドンナの松《まつ》坂《さか》慶子《けいこ》）に一目惚《ひとめぼ》れする。急な階段で臆面もなく手を差し伸べる。このシーンは香川県多度津《たどつ》町の高見《たかみ》島で撮影された(左)。寅さんが島の急な階段で一息ついていると、葉子が来訪者を確認するようにゆっくりと階段を下りてきた。「こんにちは、どちらかおたずねですか?」と葉子。二人の出会いの場面である(下)。

落ちし、結婚した。だが、赤ん坊まで産みながら、ヒモのような亭主に愛想《あいそ》を尽かし、玉之浦で旅館を営む父親・千造《せんぞう》（森繁久彌《もりしげひさや》）の元に帰ろうとしているところだ。父親とともに暮らしたいと願う絹代に向かって、千造が吐く台詞《せりふ》、表情が忘れがたい。

長い長い大河ドラマに一応の終止符を打った第48作「寅次郎紅《くれない》の花」（1995年）は、遅々として進展しない寅さんとリリー（マドンナの浅丘《あさおか》ルリ子《こ》）の仲にやきもきしていたファンを大いに喜ばせた。二人が同棲《どうせい》していたのだ。ところは鹿児島県の加計呂麻《かけろま》島。奄美《あまみ》大島の南に位置する離島だ。

二人の〝愛の巣〟は、島東部の諸鈍《しょどん》集落にロケ当時のまま保存され、宿泊施設となっている。首都圏からは少しばかり遠いが、寅さんファンを自任するなら、ぜひ足を運んでおきたい。

至福の大衆食堂

かつて地方の駅前や大きな駅の構内には大衆食堂があり、旅人たちの胃袋を支えていた。和洋中なんでもありの店である。そんな店を寅さんは好み、銚子《ちょうし》1本つけて食事を頼む。

第7作「奮闘篇」(1971年)。沼津駅近くのラーメン屋で、花子《はなこ》(マドンナの榊原《さかきばら》るみ)と知り合う。ラーメン1杯が80円。店主に扮《ふん》するのは5代目柳家小《やなぎやこ》さん。

◉ラーメンが取り持った出会いと再会

「とらや」では、おばちゃんの心のこもった手料理に舌鼓《したつづみ》を打つ寅さんだが、旅先では家族揃って賑《にぎ》やかにとはいかない。昼食はアンパンを牛乳で飲み下し、福岡県の久留米《くるめ》駅前の大衆食堂ではとんかつ定食とお銚子1本、しめて490円で済ませている(第28作「寅次郎紙風船」(1981年)。何にも束縛されない勝手気ままな旅暮らしの男だが、自由と引き換えに言い知れぬ孤独を味わってきた。

旅立ちを前に、上野駅でラーメンをすするというのも毎度のパターンだ。うす汚れた地下の食堂で、次々に出ていく列車の発車ベルを耳にしながら、具の乏しい醤油ラーメンを口に運ぶ。鳴門《なると》を見ると目が回って嫌いだから、ますます具の少ないラーメンとなる。

浅丘《あさおか》ルリ子扮《こふん》するドサ回りの歌手・

好物はラーメン、アンパン、イモの煮付けでも、「鳴《なる》門《と》はいらない、目が回るから」

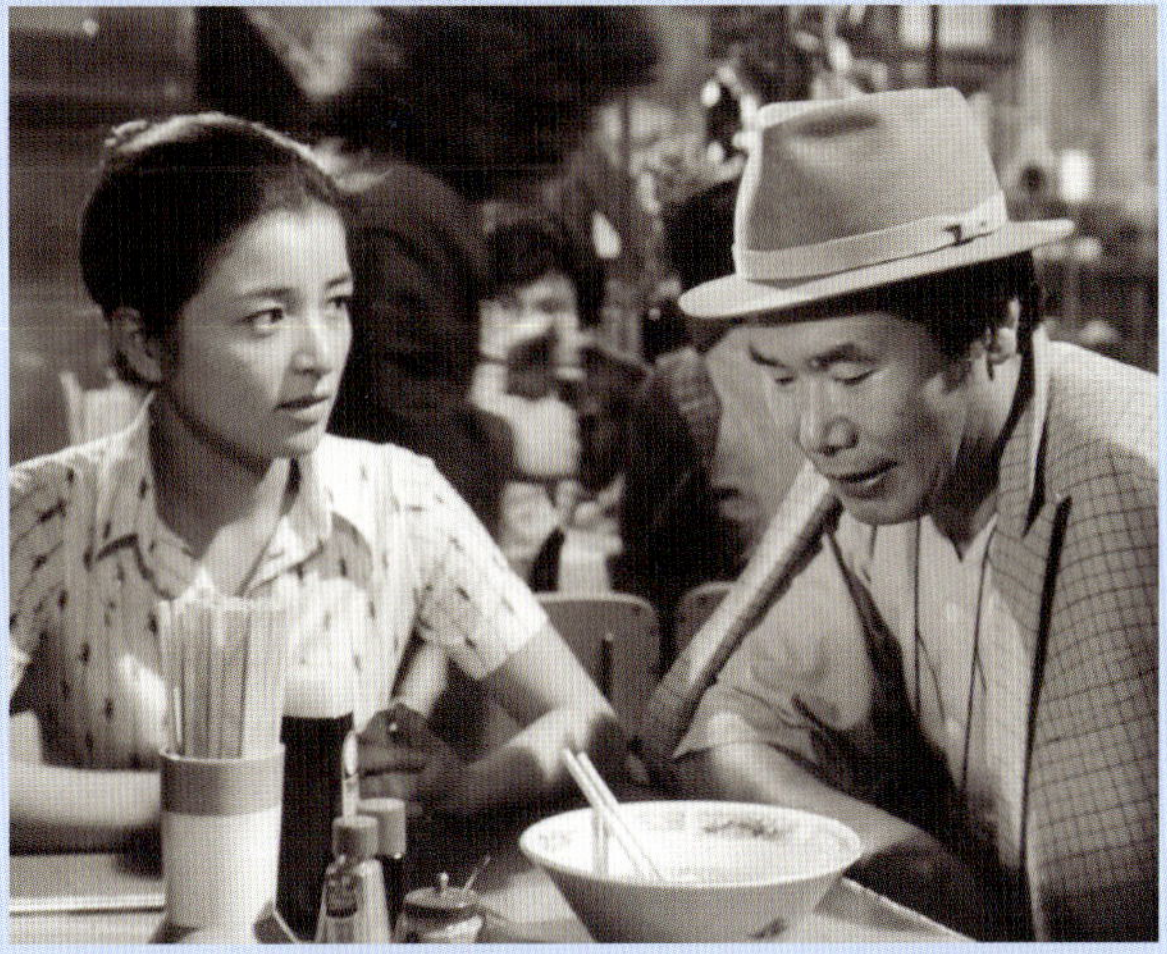

第17作「寅次郎夕焼け小焼け」(1976年)。夜行列車で旅立つ前に上野駅構内の食堂でラーメンをすする寅さん。源公《げんこう》とともに見送りにやってきたさくらが「今度いつ帰るの?」とたずねると、「お天道《てんとう》様にでも聞いてくれ」。

寅さんは醤油ラーメン派だが、具の鳴門《なると》が嫌い。好みは左側である。

リリーは、シリーズ中5作に登場。寅さんにとっては永遠のマドンナである。第11作「寅次郎忘れな草」(1973年)で初めて会ってから2年後、二人は函館のラーメン屋台でバッタリ(第15作「寅次郎相合い傘」1975年)。

旅先で知り合った蒸発男(船《ふな》越《こし》英《えい》二《じ》)と屋台の暖簾《のれん》をくぐった寅さん、すっかり酩酊《めいてい》してうつらうつら。一方、蒸発男は、屋台は朝方まで営業すると聞かされて同情するところへ、入ってきたのがリリー。先客の二人に目もくれなかったが、ひょいと顔を上げた寅さんと視線が合う。互いに懐かしい顔を認め、とたんに笑顔が弾けた。

「あんた、あれから何してたのよ」

「俺か、恋をしていたのよ」

再会にハイテンションとなった二人は、蒸発男を加えた3人で道内を旅することに。これが、実に楽しそうだ。

寅さん小劇場

股旅《またたび》ものの時代劇からミュージカル、果てはSFまで、作品の冒頭に毎回趣向が凝らされた夢のシーン。「とらや」一家とタコ社長、源公《げんこう》がさまざまな役に扮《ふん》した。

旅がらすの寅次郎

第11作「寅次郎忘れな草」(1973年)
柴又《しばまた》村の貧しい農家で、借金の形《かた》として娘おさくが連れ去られようとしたとき、小判が投げ込まれる。表にいたのは旅がらすの男。家を飛び出したきり行方《ゆくえ》知れずになっているおさくの兄であった。

マカオの寅

第10作「寅次郎夢枕」(1972年)　舞台は昭和初期のカフェ。ヤクザ（吉田義夫《よしだよしお》）が女給と書生《しょせい》をいじめているところに、マドロスの“マカオの寅”が現れ、親分に発砲。女給は寅の妹と知れるが、刑事（河村憲一郎《かわむらけんいちろう》）に連行される。

浦島寅次郎

第27作「浪花《なにわ》の恋の寅次郎」(1981年)　竜宮城で夢のような日々を過ごした浦島寅次郎。乙姫《おとひめ》（松坂慶子《まつざかけいこ》）からもらった玉手箱を手に故郷の柴又《しばまた》村へ帰ってみると、そこには荒れ果てた野原が広がっていた。そして、妹に瓜《うり》ふたつの娘から、自分が50年前に神隠しにあったと聞かされる……。タコ社長がタコ役なのがご愛嬌《あいきょう》。

◉寅さんが夢見るさまざまなヒーロー

柴又《しばまた》の女房連は、「遊んでばっかりいると、寅さんみたいになっちゃうよ」とわが子を叱りつける。地道な商いを営んでいる衆《しゅう》にとって、住所不定のような生き方は恥さらし、人生の落ちこぼれである。とはいえ、寅さんにも夢はある。弱い者や困っている人々に手を差し伸べる、ひとかどの人物になりたい。そんな願望が作品冒頭の夢となる。この寅さんが夢を見るシーンは、呼び物の一つになっていた。

初めて夢が登場するのは第2作「続男はつらいよ」(1969年)。お地蔵様に水を供えているやさしげな顔の女性に、寅さんが「もしも、人違いだったらごめんなさい。貴女《あなた》はお菊《きく》さんと申しませんか」と声をかける。菊というのは、今は別れ別れになっている実の母の名である。股旅《またたび》ものの「瞼《まぶた》の母」

旅人

第29作「寅次郎あじさいの恋」(1982年)
今は昔、信濃《しなの》の貧しい一家の世話になった旅人が、お礼として襖《ふすま》に雀《すずめ》の絵を描く。その雀が襖から抜け出して大評判に……。

ノーベル医学賞
車寅次郎博士

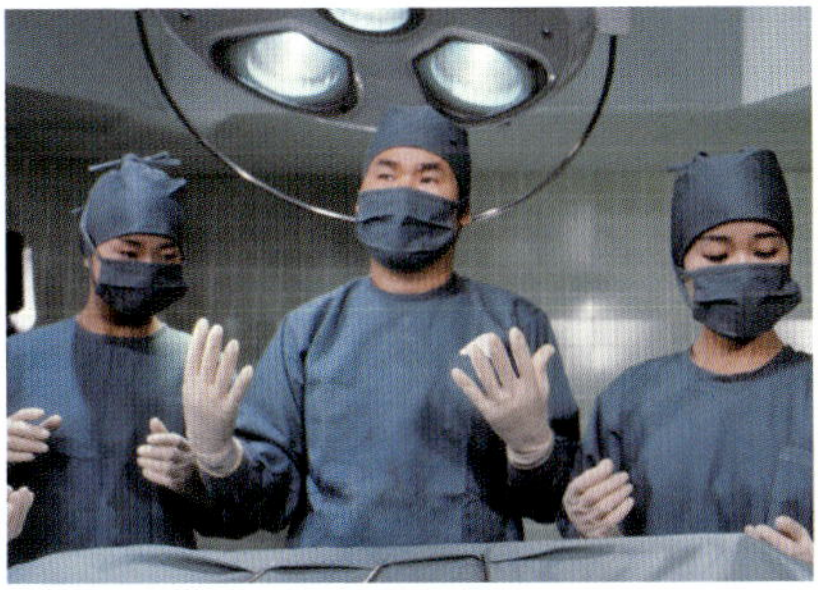

第28作「寅次郎紙風船」(1981年)　車博士がノーベル医学賞を受賞し、取材陣でごった返しているところに、子供の命を救って欲《ほ》しいと昔の恋人（音無美紀子《おとなしみきこ》）が現れる。博士は手術を決断。だが、ナイフとフォークを手に切るのはなんと、とんかつ！

復讐《ふくしゅう》に燃える男　寅

第33作「夜霧にむせぶ寅次郎」(1984年)
肉親の復讐《ふくしゅう》のために港町へ戻ってきた男。ボス（渡瀬恒彦《わたせつねひこ》）が銃口を向けるが、歌手・マリー（中原理恵《なかはらりえ》）が身を犠牲にして守る。「とらや」一家が登場しない作品。

ブルックリンの寅

第30作「花も嵐も寅次郎」(1982年)　その名を聞くだけでマフィアの親分が震え上がる男"ブルックリンの寅"が、妹にちょっかいを出すチンピラ"すけこましのジュリー"（沢田研二《さわだけんじ》）を町から追い出す。笠智衆《りゅうちしゅう》が夢のシーンに登場する唯一の作品。

を思わせる展開だ。
第11作「寅次郎忘れな草」（1973年）。民衆が飢饉《ききん》にあえぐ天保《てんぽう》年間の葛飾柴又《かつしかしばまた》村で、貧農の娘が女衒《ぜげん》に連れていかれようとするまさにその時、破れ障子《しょうじ》から小判が投げ込まれる。小判を投げたのは、旅がらす姿の寅次郎。「お天道《てんとう》様はお見通しだぜ」とばかり、女衒を斬って捨てる。
第16作「葛飾立志篇」（1975年）では、西部の酒場で歌姫が行方《ゆくえ》知れずの兄への思いを託して歌っていたが、悪党たちにからまれる。そこに姿を現したタイガー・キッドこそ、彼女の兄だった。だが、故郷へ帰ろうという妹に「親もねえ、兄妹もねえ、お尋ね者よ」と言い残して立ち去る。
第27作「浪花《なにわ》の恋の寅次郎」（1981年）の夢は、故郷柴又への寅さんの愛着ぶりをうかがわせる。浦島寅次

予言者 車寅次郎博士

第34作「寅次郎真実一路」(1984年)　大怪獣ギラランの出現で日本は窮地に。かつてこのことを予言し、大学を追放された車博士に、タコ首相が協力を要請。帝釈天《たいしゃくてん》のお守りの効力で退治する。

宇宙飛行士 車寅次郎

第36作「柴又より愛をこめて」(1985年)　"最も日本人らしい日本人"として、日本人初の宇宙飛行士に選ばれた寅さん。出発を前に、高いところは苦手とダダをこねるが、無理やりロケットに乗せられて……。

車小路寅《とら》麿《まろ》

第43作「寅次郎の休日」(1990年)　十五夜に公《く》家《げ》の車小路寅麿《とらまろ》が歌を詠んでいるところへ、桜式部《さくらのしきぶ》が迷い込んでくる。聞けば、生き別れになった兄を捜しているという。寅麿は生国が同じと知って……。

文学博士 車寅次郎

第45作「寅次郎の青春」(1992年)　夢のシーンが登場する最終作品。明治の頃、文学博士・車寅次郎がシェイクスピアの翻訳に勤《いそ》しんでいると、駆け落ちした甥《おい》と呉服屋の娘が逃げ込んでくる。文武両道に秀でた博士は、追手を次々に川へ投げ込む。

郎は助けた亀に導かれて、竜宮城で夢のような時を過ごす。乙姫《おとひめ》は彼に玉手箱を持たせてくれたが、懐かしい故郷は荒れ果てていた。それもそのはず、寅次郎が神隠しにあってから、すでに50年の歳月が流れていたのである。

第36作「柴又より愛をこめて」（1985年）になると、ヒーロー願望はさらにエスカレート。日本人初の宇宙飛行士・車寅次郎が、NASAで宇宙へ飛び立つ時を待っていた。だが、彼は空を飛ぶ乗り物が大嫌い。小便をちびりそうになって……。

ほかにも、海賊船《かいぞくせん》の船長（第15作「寅次郎相合い傘」1975年）、UFOで地球へやってきた宇宙人（第21作「寅次郎わが道をゆく」1978年）、寅地蔵尊の化身（第22作「噂の寅次郎」1978年）など、この世ではあり得ない夢を見る寅さんである。

「男はつらいよ」シリーズ・夢のシーン一覧

作品名（丸数字は作品番号）	夢の概要	ゲスト出演者
②「続 男はつらいよ」	寅さんが実の母にめぐり合う（「瞼《まぶた》の母」風）	風見章子
⑤「望郷篇」	おいちゃんのいまわの際《きわ》に寅さんが帰宅	
⑨「柴又慕情」	渡世人《とせいにん》寅次郎が貧苦の夫婦を救う（「木枯し紋次郎」風）	吉田義夫
⑩「寅次郎夢枕」	マドロスのマカオの寅が女給と書生を救う（昭和初期）	吉田義夫、河村憲一郎
⑪「寅次郎忘れな草」	旅烏《たびがらす》の寅次郎が貧しい一家を救う（時代劇風）	吉田義夫
⑫「私の寅さん」	飢饉《ききん》にあえぐ民衆を悪徳商人から救う（大正時代）	吉田義夫
⑬「寅次郎恋やつれ」	寅さんが花嫁を連れて帰るが、「とらや」夫妻は鬼籍に	石原昭子
⑭「寅次郎子守唄」	うぶすなの神が若夫婦に子宝を授ける（古代）	
⑮「寅次郎相合い傘」	海賊キャプテン・タイガーが、奴隷船に乗せられた妹のチェリーを助け出す（海賊映画風）	吉田義夫、上條恒彦、米倉斉加年
⑯「葛飾立志篇」	お尋ね者のタイガー・キッドが妹を救う（西部劇風）	吉田義夫、上條恒彦、米倉斉加年
⑰「寅次郎夕焼け小焼け」	車船長が人喰《ひとく》いザメと格闘する（「ジョーズ」「白鯨」風）	
⑱「寅次郎純情詩集」	アラビアのトランスが港町カスバに出現（「望郷」風）	吉田義夫
⑲「寅次郎と殿様」	鞍馬天狗《くらまてんぐ》が妹と再会後、山岳党と決闘（時代劇風）	吉田義夫、上條恒彦
⑳「寅次郎頑張れ！」	目を覚ますと「とらや」一家が大金持ちになっている	吉田義夫
㉑「寅次郎わが道をゆく」	宇宙人・寅次郎が「とらや」に（「未知との遭遇」風）	
㉒「噂の寅次郎」	寅地蔵尊が柴又村に平和をもたらす（時代劇風）	吉田義夫
㉓「翔んでる寅次郎」	柴又医学研究所の車博士が便秘の特効薬を発明する	
㉔「寅次郎春の夢」	マドロスの寅次郎がサンフランシスコで妹と再会	ハーブ・エデルマン
㉕「寅次郎ハイビスカスの花」	鼠小僧《ねずみこぞう》寅吉が妹・おさくの家へ忍び込む（時代劇風）	
㉖「寅次郎かもめ歌」	旅人寅次郎が悪代官を退治する（時代劇風）	吉田義夫
㉗「浪花《なにわ》の恋の寅次郎」	浦島寅次郎が竜宮城から荒廃した村へ戻る（お伽噺《とぎばなし》風）	松坂慶子
㉘「寅次郎紙風船」	ノーベル医学賞を受賞した車博士が昔の恋人に再会	音無美紀子、岸本加世子
㉙「寅次郎あじさいの恋」	旅人が一夜の宿のお礼として襖《ふすま》に絵を描く（お伽噺風）	
㉚「花も嵐も寅次郎」	ブルックリンの寅がジュリーと決闘（ミュージカル風）	沢田研二
㉛「旅と女と寅次郎」	佐渡金山　揆の首謀者　寅吉が実家に帰る（歌舞伎風）	
㉜「口笛を吹く寅次郎」	寅さんが偽物の寅次郎に見合い相手を奪われる	レオナルド熊
㉝「夜霧にむせぶ寅次郎」	復讐《ふくしゅう》に燃える男を昔の恋人が守る（ハードボイルド風）	中原理恵、渡瀬恒彦
㉞「寅次郎真実一路」	隠遁《いんとん》した車博士が大怪獣ギララの危機から救う	
㉟「寅次郎恋愛塾」	寅吉がおじいとおばあを姥捨山《うばすてやま》へ（「楢山節考《ならやまぶしこう》」風）	
㊱「柴又より愛をこめて」	寅さんが日本人初の宇宙飛行士に選ばれる	松居直美
㊲「幸福《しあわせ》の青い鳥」	幸福の青い鳥を求めて「とらや」一家が旅に出る	
㊴「寅次郎物語」	少年時代の寅さんが父と喧嘩《けんか》をして家を飛び出す	
㊸「寅次郎の休日」	公家の車小路寅麿《とらまろ》が妹の桜式部《さくらのしきぶ》と再会（平安時代）	
㊺「寅次郎の青春」	文学博士が駆け落ちした甥《おい》と恋人を匿《かくま》う（活動写真風）	後藤久美子

「寅さん」もっと知りたい 主題歌

“落ちこぼれ”への応援歌

星野哲郎《ほしのてつろう》一番のお気に入り

「男はつらいよ」の主題歌は、戦後歌謡界を代表する作詞家の星野哲郎、口《くち》髭《ひげ》と黒縁メガネをトレードマークとする作曲家・指揮者である山本直純《やまもとなおずみ》との異色コンビで作られた。もともとはテレビ版「男はつらいよ」の主題歌で、一番の出だし「どうせ俺《おい》らはやくざな兄貴」の部分は、第3作までは「俺がいたんじゃお嫁にゃいけぬ」であった。

歌詞をひとわたり眺めると、世間から落ちこぼれ、よってたかって笑いものにされる兄を、妹が懸命にかばうという主筋と照応しているのがわかる。見方によっては、落ちこぼれへの応援歌といえるかもしれない。全作品のタイトルシーンで使用され、このメロディーが流れるだけで、ほとんどの日本人が寅さんを思い出すはずである。

作詞の星野は平成22（2010）年に亡くなったが、彼にとっては思い入れの強い作品だったらしく、葬儀の際、出棺はこの曲に乗せて行われたという。なお、渥美清《あつみきよし》が亡くなった後に制作された第49作「寅次郎ハイビスカスの花　特別篇」（1997年）では演歌歌手の八代亜紀《やしろあき》が、令和元（2019）年12月に公開された第50作「お帰り 寅さん」では、サザンオールスターズの桑田佳祐《くわたけいすけ》が歌っている。

「男はつらいよ」50周年を記念して発売されたサウンドトラックのベスト盤。もちろん主題歌も収録されている。

「男はつらいよ」

作詞／星野哲郎
作曲／山本直純
歌／渥美 清

一、どうせ俺《おい》らはやくざな兄貴
わかっちゃいるんだ妹よ
いつかおまえのよろこぶような
偉い兄貴になりたくて
奮闘努力の甲《か》斐《い》も無く
今日も涙の 今日も涙の日が落ちる 日が落ちる

二、ドブに落ちても根のある奴は
いつかは蓮《はちす》の花と咲く
意地は張っても心の中じゃ
泣いているんだ兄さんは
目方で男が売れるなら
こんな苦労も こんな苦労もかけまいに かけまいに

三、あてもないのにあるよな素振り
それじゃ行くぜと風の中
止めにくるかとあと振り返りゃ
誰も来ないで汽車が来る
男の人生ひとり旅
泣くな嘆くな 泣くな嘆くな影法師 影法師

寅さんの人間学

第3章

鑑賞編②

◉寅さんの人品骨柄……ちょっと頼りない硬骨漢

寅さんにとって、「じいさん」は「じいさん」

10年ほど前から「断捨離《だんしゃり》」という言葉が流行している。モノへの執着を捨て不要なモノを減らすことにより、生活の質の向上、心の平安を得ようとする考え方である。ヨガの「断行《だんぎょう》・捨行《しゃぎょう》・離行《りぎょう》」から出た言葉だが、安らかな心を得るには、目に見えるモノを捨てるだけでは足りない。人を蹴落としてでも出世して名誉を得て、お金を稼いで贅沢《ぜいたく》な暮らしをしたい、あるいは美女に囲まれてちやほやされたい、などと切望する心根《こころね》から自由になることこそが「断捨離」の神髄なのではないか。

この断捨離を昭和40年代から実践している男が存在する。映画「男はつらいよ」シリーズの主人公・車寅次郎《くるまとらじろう》がその人だ。矢切《やきり》の渡《わた》しを渡って20年ぶりに故郷・葛《かつ》飾柴又《しかしばまた》に帰ってきたのは、高度経済成長の真っただ中にあった昭和44（1969）年のことである。第1作「男はつらいよ」で登場したのが35、36歳。下駄《げた》を思わせる四角い顔に、あるかなきかの細っこい眼。格子縞《こうしじま》の背広にラクダの腹巻き、フェルトの中折帽《なかおれぼう》に

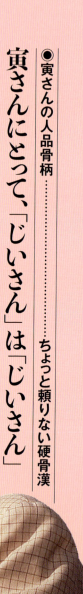

雪駄履《せったば》きという出で立ちである（第1作は少し異なる）。寅さんの稼業はテキ屋（香具師《やし》）。祭礼や縁日で道行く人を呼び止めては、さまざまな品物を売りつけるのが生業《なりわい》だ。テキ屋稼業のこの男、ちょっと粗野でおっちょこちょい（特に初期作）、人の迷惑などおかまいなしのフーテンである。言うことなすこと的外《まとはず》れで、頭脳明晰《めいせき》ともほど遠い。つまるところ出世にも金にも縁のない落ちこぼれだが、人を陥れたりする非道なまねは断じてせず、卑屈になることも、人におもねることも一切ない。

例えば、第29作「寅次郎あじさいの恋」（1982年）。寅さんは京都で下駄《げた》の鼻緒《はなお》が切れて困っている老人を助ける。助けたのは何と人間国宝の陶芸家・加納作次郎《かのうさくじろう》（13代目片岡仁左衛門《かたおかにざえもん》）と知ったが、最後まで「じいさん」と呼び続け、態度は変わらなかった。弟子に「じいさんとは何事だ！」などとたしなめられるが、まったく動じない。寅さんにとって、「じいさん」は「じいさん」なのである。これは第17作「寅次郎夕焼け小焼け」（1976年）で登場した日本画家・池ノ内青観《いけのうちせいかん》（宇野重吉《うのじゅうきち》）に対しても同じである。

そう、寅さんの人品骨柄《じんぴんこつがら》を一言でいえば、「権威や権力などどこ吹く風、細かいことは気にせず（恋愛は別）、常にわが道を行く風来坊《ふうらいぼう》。お金はないが、あり余る時間を武器に、困った人がいれば窮地を救う、清廉潔白《せいれんけっぱく》・純粋無垢《じゅんすいむく》でちょっと頼りない硬骨漢《こうこつかん》」ということができる。ある意味、寅さんは「断捨離」などが流行《はや》る前から、その精神を我知らず体現している男なのである。

人情家の悲哀

困った人がいれば、「どうしたんだい」と手を差し伸べる。他人をおもんぱかる余裕などないはずなのに……。知らず知らず、人の人生に足を踏み入れてしまうのだ。

第5作「望郷篇」(1970年)。節子《せつこ》(マドンナの長山藍子《ながやまあいこ》)に惚《ほ》れて、浦安《うらやす》の豆腐屋を手伝う寅さん。人情家として、男として来《き》し方《かた》行《ゆ》く末《すえ》を考える時の表情は真剣である。

旅先で薄幸《はっこう》の女性に会うと、手を差し伸べずにはいられないのが寅さんだ。第14作「寅次郎子守唄」(1974年)でも、佐賀県の呼子《よぶこ》港で再会したヌードダンサー(春川《はるかわ》ますみ)を励ました。

◉「内」と「外」の性格の落差に注目

御前様《ごぜんさま》によれば、寅さんは「（さくらと）腹違いで、まあ、はっきり言えば庶子《しょし》のような形で生まれたもので、まあ、かわいそうな生い立ち」にもかかわらず、性格はいたって明朗、すこぶる人情に篤《あつ》く義理堅い。ただ、「とらや」にいる時は、家族に囲まれて気が緩み、人の迷惑など顧みない傍若無《ぼうじゃくぶ》人《じん》な男になってしまう。

20年ぶりに「とらや」に帰ってきた当初は、喧嘩《けんか》っ早く、隣で印刷工場を営むタコ社長、おいちゃんらと大喧《おおげん》嘩《か》を繰り返した。そのたびに、「もう二度と帰っちゃこねえよ」という捨て台詞《ぜりふ》を残して、逃げるように旅に出る。しかし、旅先では気さくで人なつっこく、物わかりもいい人情家に変わるので、訪れた町々で人気者となる。この落差がどこにあるのかは分析できない

人助けをすればするほど 浮き草暮らしの悲哀が身にしみる

第39作「寅次郎物語」(1987年)では、死んだ仲間の子である秀吉《ひでよし》(実は寅さんが名付け親)に情けをかけ、父親のように慕われた。写真は最後の別れの場面。見守るサングラスの男性は、のちに秀吉の父親となる船長(すまけい)である。

が、外では渡世人《とせいにん》としての矜持《きょうじ》が寅さんの行動規範となっているのだろう。

寅さんの人情家としての側面は、第39作「寅次郎物語」(1987年)一つ見ても明らかだ。突然、見知らぬ少年・秀吉《ひでよし》が寅さんを訪ねてきた。テキ屋仲間である般若《はんにゃ》の政《まさ》の子供である。聞くといまわの際《きわ》に政から俺が死んだら寅を頼れと言われたのだという。政の女房・ふで(五月《さつき》みどり)は極道者を見限り、とうに家を出ている。実は秀吉は、寅さんが名付けた子。頼られて放っておいたのでは、仁義が廃《すた》る。かくして秀吉を連れ、母親のふでを尋《たず》ねて三千里の旅に出た。

しかし、ふでは転々とし、捜し当てるのに一苦労。旅の疲れから秀吉が発熱するなど、難儀の連続だったが、三重県の賢島《かしこじま》で母子は再会を果たす。

これで肩の荷は下りた、と連絡船で去ろうとする寅さん。すると「離れたくない」と言って秀吉がぐずりだした。これを諭《さと》す寅さんの言葉が心に残る。

「いいか秀。よーく聞くんだぞ。おじさんはな、おまえのあのろくでなしのオヤジの仲間なんだ。いい年をして、おっかさんの世話もみねえ、子供の面倒もみねえ、そんなお粗末な男におまえなりてえか?　なりたくないだろ秀。だったらな、このおじちゃんのことなんか、とっとと忘れてあの母ちゃんと二人で幸せになるんだ……」

この言葉には寅さんの心根《こころね》がにじみ出ている。人助けをすれば、自らの境《きょう》涯《がい》を顧みることになり、結果、浮き草暮らしの悲哀が身にしみるのである。

ダンディズムの極致

寅さんは渡世人《とせいにん》のダンディズムを体現し続ける。革のトランクを提げて帽子を小粋に被《かぶ》り足早に闊歩《かっぽ》すると、小雪が舞う城下町の石畳に雪駄《せった》の音が響いた。

右手の薬指には、印台《いんだい》デザインの金の指輪がさりげなくはまる（上）。第44作「寅次郎の告白」（1991年）の宣伝用写真。おなじみの衣装は鳥取砂丘の砂漠にも負けていない（右）。

●厳寒の薄着はやせ我慢!?

寅さんは渡世人《とせいにん》を自称している。であるからには、粋《いき》で鯔背《いなせ》でなくてはならない。確かに身に着けているものには、相当のこだわりがあり、江戸っ子らしく薄着である。

しかし、テキ屋は露天商だ。季節を選《え》り好みしていたのでは、商売はできない。身も凍るような寒空の下、初詣客が出盛《でさか》る正月は稼ぎ時である。人がコタツでお屠蘇《とそ》気分に浸っていても、声をからして道行く人を呼び止める。「そこが渡世人のつれえところよ」とやせ我慢してはいるが、厳寒期の薄着はやはりこたえる。第4作「新 男はつらいよ」（1970年）では、観客に向かって次のような本音を漏らす。

「旅から旅へのしがない渡世の私どもが粋がってオーバーも着ずに歩いちゃおりますが、本当のところ、あの春を待ちわびて鳴く小鳥のように、暖かい陽ざしのさす季節を恋い焦がれているんでございます」

渡世人としての美学は、寅さんの足元にも表れている。四六時中、雪駄《せった》で押し通しているのだ。雪駄は草履《ぞうり》の一種。竹皮草履の裏側に革を貼って防水機能をもたせ、底の踵《かかと》の部分に尻鉄《しりがね》を付けたものを指す。別段、テキ屋専門の履物《はきもの》というわけではない。男性が和服で外出する際には必須であり、滑りにくいことから舞台職人（舞台の裏方さん）なども履《は》いている。

第4作「新 男はつらいよ」（1970年）では競馬で大儲《おおもう》けした寅さんが、おいちゃん、おばちゃんをハワイ旅行

春夏秋冬、雪駄《せった》で押し通し そのままウィーンに旅立った渡世人《とせいにん》の美学

第48作「寅次郎紅《くれない》の花」(1995年)。因美《いんび》線の美作滝尾《みまさかたきお》駅で列車を待つ寅さん。「男は背中で語る」という言葉を体現するかのような粋な立ち姿である。雪駄《せった》の鼻緒《はなお》にちょこんと指をからめる感じで履《は》いているのがにくい(上)。寅さんは爪楊枝《つまようじ》を口に含み、ちょっぴり肩をいからせるように歩く。それでいて威圧感はなく軽やか。これも余人にはまねできない。

に招待しようとする。この珍事は、たちまち柴又《しばまた》中に知れ渡り、御前様《ごぜんさま》も餞別《せんべつ》を携えて「とらや」へ。ハワイ向きの身なりをしている寅さんだが、足元は相も変わらず雪駄のまま。呆《あき》れる御前様に向かって、「雪駄ってものはね、日本古来の履物だ。あっしは、これを履いてパリだってロンドンだって、平気で行きますよ」と見得《みえ》を切る。ハワイ行きはポシャッたが、後年、第41作「寅次郎心の旅路」(1989年)ではウィーンの町を雪駄で闊歩《かっぽ》した。

なぜ、薄着で雪駄なのか。さらに言えば、なぜ腹巻きに水色のダボシャツなのか――。旅人なのでいろいろ気を使わなくてすむ、動きやすい格好。それでいて「粋で鯔背」。理由はこれだけだが、シャツやズボンにはいつもアイロンがかかっている。帽子も崩れていない。寅さんのダンディズムである。

重度の恋煩い

寅さんにも女性に対するこだわりはある。だが、美人であればやさしく声をかけられただけで、心は羽が生えたように宙を舞い、その場で恋に落ちる。

第11作「寅次郎忘れな草」(1973年)のワンシーン。寅さんがこういう訴えるような眼差《まなざ》しをしている時は、マドンナのことを思い、心が切なくなっている証拠である。

第5作「望郷篇」(1970年)の冒頭シーン。雨が降ればテキ屋の商売はあがったりとなる。そんな日に瞼《まぶた》に浮かぶのは、「とらや」の面々と、これまで愛したマドンナたちの面影である。

◉頑健さが取り柄だが心はもろい

寅さんは「俺なんか一年中雪駄《せった》を履《は》いているから、ただの一遍も病気をしたことがない」と豪語している。かつて、おいちゃんは舞い込んできた寅さんの縁談にうろたえながら、相手の家族に電話口で、「柴《しば》又《また》尋《じん》常《じょう》小学校を卒業いたしまして、それから葛飾《かつしか》商業を、ま、こちらは早めに卒業しまして（中略）身体《からだ》は？　それだけは頑丈そのものでして（後略）」と、頑健な身体だけが取り柄のように説明する。

中退した葛飾商業の恩師・散歩《さんぽ》先生（東野英治郎《とうのえいじろう》）もまた、「お前は人並み以上の身体と人並みに近い頭を持ってるんだ。ええ、まともな仕事の口の一つや二つはないわけはないだろう、どうなんだ、寅」と励ましている。

本人が自覚し、身内と恩師も保証しているように頑健なのだが、一つだけ

寅さんの持病は重度の恋煩い
発症すると言動・行動がちぐはぐになる

左は第5作「望郷篇」(1970年)の豆腐屋、右は第20作「寅次郎頑張れ！」(1977年)の土産《みやげ》物屋。寅さんはマドンナにヒートアップし、ほぼ住み込みに近い状態で家業を手伝った。

持病がある。恋煩いである。これを発症すると、言動・行動がちぐはぐなものになる。

マドンナに同情してもらいたいばかりに「コホン」と小さく咳《せき》込んで見せたり、「そうでございますね」などと言葉遣いがバカ丁寧になったりする。美女を前にした瞬間に前言を翻《ひるがえ》したり、「出て行くぞ、止めるなよ！」と大見得を切ったのに、マドンナが「とらや」の暖簾《のれん》をくぐって入ってくると、さも今帰ってきたように「ただいま、みんな元気か」などとのたまう始末。

マドンナに対し「駅までお見送りしましょう」などと言い出したら、もう恋に落ちた証拠である。あげくの果てに第22作「噂の寅次郎」（1978年）では、煩悶《はんもん》が高《こう》じて腹痛を起こし救急車が駆けつける騒ぎに。第45作「寅次郎の青春」（1992年）でも、オロオロして石段を踏みはずして転倒。これまた救急車で運ばれる始末となった。

マドンナを思い浮かべている時も大変である。食欲は減退し、無力感にさいなまれ、周りのことはまったく目に入らなくなる。重症の恋煩いだ。おいちゃんやタコ社長は「バカだねぇ」と軽く片付けるが、おばちゃんなどは「可哀そうに」と涙を浮かべる。

観客もまた、「何もしたくねえよな。何だか身体の真ん中に穴っぽこがあいちまって、そこをすーすー風が通っていくみたいな気持ちがしてよ」（第6作「純情篇」1971年）と気弱そうにつぶやかれると、つい同情してしまう。頑健だが心は意外ともろいのだ。

行儀作法の謎

寅さんは人間の機微《きび》に通じているようでもあり、空気をまったく読めない人間のようにも振る舞う。俺は俺を貫き通す寅さんに怖いものはない。

満男《みつお》（吉岡秀隆《よしおかひでたか》）は成人すると、酒の飲み方から鉛筆の持ち方まで、“大人の作法”を寅さんに叩《たた》き込まれた。満男は寅さんの前では、素直になるから不思議である。

◉満男《みつお》は寅さんに敬意を払っている

寅さんが礼儀作法をわきまえぬ男であることは、第1作「男はつらいよ」（1969年）で明らかである。都心の一流ホテルで行われた妹・さくらの見合いの席での振る舞いは、ほめられたものではない。のっけからマナーのマの字も感じさせない振る舞いで、酒が入ると暴言を連発。ろれつの回らない口調で、

「漢字っていうのは面白うございますね。尸《しかばね》に水と書いて尿《にょう》、つまりションベンだ。尸に米と書いてフン、つまりこれは糞《くそ》ですよね。であっしは変だなと思うのはですね、尸にヒ《ひ》を二つ書いてこれが何と屁《へ》なんだよ屁……」

「ああ、かあちゃん（お見合い相手の母親）どちらへ。ああ、お便所、行ってらっしゃい、行ってらっしゃい。出物腫れ物ところ嫌わずってね。がまんしちゃいけねえや、爆発しちゃうからな」

場にそぐわない下ネタ全開の言動に見合い相手や相手の両親は呆《あき》れかえり、さくらは羞恥心《しゅうちしん》で下を向くばかり。さすがに観客もそこまで言う必要があるのかと思ってしまうが、子供がそのまま大きくなったような男なので止めようがない。そもそも寅さんの行儀作法を論じること自体がナンセンス。生きてきた環境が常人と異なるのである。

しかし、こんな破天荒《はてんこう》な人間に敬意を払い憧れる男もいる。幼い頃から寅さんを見てきた甥《おい》っ子の満男《みつお》（吉岡秀隆《よしおかひでたか》）である。「おじさんのやることは、ドンくさくて常識外《はず》れだけど、世間体なんか全然気にしないもんな。人にお

行儀作法を論じることはナンセンスだが世知《せち》に長《た》けたところは、ほめられる

第1作「男はつらいよ」(1969年)のポスターで迫力ある仁義《じんぎ》を披露する寅さん(左)。だが、第48作「寅次郎紅《くれない》の花」(1995年)では、岡山県の旧勝山《かつやま》町の造り酒屋の試飲で、酔い潰れるほど飲んでしまう無軌道ぶり。この落差は何なのか。

べっかを使ったり、お世辞言ったり、おじさんは、絶対そんなことしないもんな」と敬意を払っているのだ。

ふだんは不作法な言動が目立つ寅さんだが、もともと妙に世知《せち》に長《た》けたところがあり、冠婚葬祭や祭りを仕切るのはうまい。こうした場での礼儀作法は、お手本のようにしっかりしているから謎である。

また、仁義《じんぎ》を重視する同業者に対する態度も一貫している。三重県の湯の山温泉を舞台とする第3作「フーテンの寅」（1970年）で、寅さんは芸者・染奴《そめやっこ》（香山美子《かやまよしこ》）を知る。父親（花沢《はなざわ》徳衛《とくえ》）に恋人との結婚を許してもらおうとする染奴に同道して四日市に赴くと、父が元同業だと知って、にわかに居ずまいをただした。

そして首に巻いていたマフラーをはずし、きっぱりと仁義を切った。

「遅ればせの仁義、失礼さんでござんす。私《わたくし》、生まれも育ちも関東葛飾柴又《かんとうかつしかしばまた》です。渡世上、故《ゆえ》あって、親一家持ちません。駆け出しの身もちまして、姓名の儀、いちいち高声に発します仁義、失礼さんです。姓は車、名は寅次郎、人呼んでフーテンの寅と発します。西に行きましても東に行きましても、とかく土地土地のお兄《あに》さん、お姐《あね》さんにご厄介かけがちなる若造です。以後、面体《めんてい》お見知りおかれまして、向後万端《きょうこうばんたん》引き立って、よろしくお頼《たの》申します」

第3作「フーテンの寅」(1970年)。寅さんは知り合いの駒子《こまこ》(春川《はるかわ》ますみ)とその恋人の仲を取り持ち、ゴールインさせた。愛のキューピッドとなったのはほめられるが、結婚の披露宴を「とらや」で開いてドンチャン騒ぎ。ツケをすべておいちゃんに回して大喧嘩《おおげんか》となった。

金銭感覚と幸福論

財布には500円しかないにもかかわらず、金は天下の回り物を地でゆく寅さん。尻ぬぐいは、さくらやおいちゃんたちである。

◉分不相応な寅さんの金銭感覚

本シリーズは、昭和44（1969）年に第1作が公開された。高度経済成長の真っただ中、世界からエコノミック・アニマルなどと揶揄《やゆ》された時代である。

けれども、「とらや」の人々は、分《ぶん》を守りつましく暮らしている。ところが寅さんには、そんな暮らしがみみっちいと映るらしく、何かというと人に奢《おご》りたがり、チップもはずむ。財布に入っているのは500円札1枚が常態なので、分不相応《ぶんふそうおう》というしかない。

彼の金銭感覚がよくうかがえるのが第3作「フーテンの寅」（1970年）である。ある仲居（春川《はるかわ》ますみ）の復縁を取り持った寅さんは、二人の門出《かどで》を祝って、「とらや」で飲めや歌えのドンチャン騒ぎをやらかし、ハイヤーまで呼んで送り出したあげく、支払いを店に回した。

無欲な男と話をしていると、ほっとします
あれは、あのままでいい（御前様）

第18作「寅次郎純情詩集」（1976年）では、別所《べっしょ》温泉で大盤振舞《おおばんぶるまい》。無銭飲食で留置場に入り、さくらに請け出される体たらく（右）。御前様《ごぜんさま》からも反省を促された（左）。だが、第40作「寅次郎サラダ記念日」（1988年）で御前様は、寅さんのお金に対する無欲さをほめている。

おいちゃん（森川信《もりかわしん》）は煮えくり返るばかりに立腹。ところが寅さんは反省するどころか、「祝いごとじゃねえかよ。少しぐらいの金でもってガタガタ言うなよ」と開き直った。この金銭感覚は浮世離れしすぎている。ますます怒りをあおられたおいちゃんは、「俺たちゃなあ、たったひとりの甥《おい》っ子のおまえの結婚式なら、どんな贅沢《ぜいたく》だって、俺ァ、させてやらあ。それがだな、何で赤の他人の祝いごとに、こんな散財しなくちゃならねえんだ」とわめき、大喧嘩《おおげんか》となる。

自分の贅沢に使うんじゃない、人様のためなのだ、というのが寅さんの理屈なのだろう。しかし、日銭商いでつましく暮らしてきたおいちゃんに通る理屈ではない。

ところで高度成長とは無縁な「とらや」でも金銭論・幸福論に話が及ぶことがあった。おいちゃんは、寅さんを前にこう言っている。

「だっておまえ、金のないやつがみんな不幸せだって言うなら、この寅なんぞ、生まれてから今日までずーっと不幸せの連続なんじゃねえか」

この意見、御前様《ごぜんさま》（笠智衆《りゅうちしゅう》）には別の見解がある。寅さんにはしばしば苦言を呈してきたが、第40作「寅次郎サラダ記念日」（1988年）では、こうほめている。

「近頃は、金儲《かねもう》けのことしか考えん人間が、この門前町にも増えてきましたから、寅のような無欲な男と話をしていると、むしろほっといたします。あれは、あのままでいい」

第43作「寅次郎の休日」(1990年)。泉《いずみ》と一緒に泉の父親捜しに旅立った満男《みつお》を連れ戻しに日田《ひた》へ向かった寅さんだが、泉の母親・礼子《れいこ》(夏木《なつき》マリ)の色気に参ってしまう。旅館に投宿した4人はまるで家族のようで、礼子の酌に寅さんの顔はほころぶが……。

好きな食べ物

旅人である寅さんの運動量は多いはずだが、食事は意外と淡泊。好みは魚で肉はほとんど食べない。「おかず、おかず」というのは、酒の肴《さかな》のことである。

●「心の糧《かて》」になるおかずが欲《ほ》しい!?

「とらや」で食事を作るのは、ほぼおばちゃん(三崎千恵子《みさきちえこ》)である。メニューは徹頭徹尾《てっとうてつび》、和風だ。基本はご飯、みそ汁、焼き魚、煮物、香の物。肉類はめったに食卓に上がらず、冬は鍋物のケースが目立つ。味付けはほとんど醤油と砂糖という甘辛味である。

寅さんの好物は、何をおいても「イモの煮っころがし」。次いで「がんもどき」に「おから」といったところ。寅さんは「とらや」でしか食べられない物として「塩のシャケ、パリッとした浅草海苔《のり》、秋ナスの煮たの、シラスのダイコンおろし」をあげている(第42作「ぼくの伯父《おじ》さん」1989年)。

旅先では物わかりのいい寅さんだが、柴又に帰るとやけに威張り散らす。第10作「寅次郎夢枕」(1972年)では、「おばちゃん、今夜のおかずは何だい」

本来、食事には執着しないが、好物は茶の間で囲むおばちゃんの手料理

イモの煮っころがし

おから

寅さんの大好物はサトイモの煮っころがし、おからなどである。もちろん、おばちゃんの味が舌になじんでいる。朝食にはことのほかこだわりがあり、ご飯と温かいみそ汁さえあればいいと、口では言うが、香の物、海苔《のり》、刻みネギたっぷりの納豆、卵、タラコー腹などと、要求はだんだんとエスカレートしていく。

「お前の好きなおイモの煮っころがし」「貧しいねえ、うちのメニューは。もうちょっと何か心の糧になるおかずはないかい、例えば厚揚げとか筍《たけのこ》とかよ」

およそ不似合いな「心の糧」などという言葉遣いもおかしいが、厚揚げや筍が心の糧になり、イモの煮っころがしが貧しいというのはどうした発想なのだろう。「とらや」では何だかんだと理屈をこねるものの、結局のところ食べ物には執着しない。ラーメンが大好きだが、鳴門《なると》が嫌いなのも「あの渦見ると、目が回る」といった程度のこと。旅で腹がすけばアンパンに牛乳ですまし、食事中も箸をつけるより、酒を飲むほうが忙しい男なのである。一方、旅先では、お銚子《ちょうし》に加えて刺身、揚げ物、焼き物、酢の物、香の物といったメニューが並び健康的である。

題経寺《だいきょうじ》（通称・帝釈天《たいしゃくてん》）の寺男・源《げん》公《こう》（佐藤蛾次郎《さとうがじろう》）とは、第2作「続男はつらいよ」（1969年）で次のような会話もしている。

「バカヤロ、あのお嬢さんがラーメンなんか作るかい、てめえの考えは貧しいからいけねえよ」「そいじゃ、何作るんだよ」「決まってるじゃねえか、スパゲッチーよ」。寅さんは洋食は嫌いなはずではなかったか。

不思議なのはカレーライス。「とらや」でも旅先でも食べていない。庶民的な食べ物で、寅さん好みだと思うのだが。食べるならジャガイモがごろごろ、福神漬けもたっぷりがいい。間違ってもエスニック風はダメ。つまりは昔風のライスカレーということだ。

好きな乗り物

寅さんの財布の中身で乗れるのは鉄道かバス。長距離移動ともなると、各駅停車に頼るほかはなく、シリーズでは鉄道シーンがスパイスとなっている。

搭乗シーンを演出する山田洋次《やまだようじ》監督。寅さんが飛行機に乗ったのは、沖縄とウィーン行きの2回のみ。とにかく目の回る乗り物は一切ダメというのが寅さんのスタンスである。

第15作「寅次郎相合い傘」(1975年)。家出した蒸発男(船越英二《ふなこしえいじ》)、リリー(浅丘《あさおか》ルリ子《こ》)の3人による珍道中では、函館《はこだて》本線の蘭島《らんしま》駅で一夜を明かした。パジャマを着ているのがおかしい。

◉「望郷篇」の鉄道シーンに注目

寅さんは「車」という姓にもかかわらず、車の免許を持っていない。テキ屋稼業にとっては致命傷のはずだが、意に介さない。おまけに大の飛行機嫌いで、移動はもっぱら鉄道に頼る。旅立つのは京成柴又《けいせいしばまた》駅からだ。寅さんが幼い頃から親しんだ駅であり、16歳にして家出をしたのもここである。

シリーズ第1作が公開されたのは、昭和44年（1969）年。この年、アポロ11号が月面着陸に成功したとはいえ、航空機ですらまだ庶民の乗り物とは言いがたかった。当時、乗り物の主役は鉄道。国鉄（現・JR）では、まだ1600両あまりのSLが走っていた。このためシリーズ前半作には、煙を噴き上げて疾走するSLの走行シーンがたくさん登場する。

ことに第5作「望郷篇」（1970

寅さんが乗るのは地方のローカル線
国鉄盛期の鉄道シーンは貴重な記録だ

右頁と同じ３人によるローカル線旅の一コマ(右)。小樽築港機関区《おたるちっこうきかんく》や D51形の走行シーンが見どころの第５作「望郷篇」(1970年)。機関士の父親が寅さんの同業者という設定(左)。

年）では、SLの代名詞ともいうべきD51形蒸気機関車が函館《はこだて》本線を力走する姿をたっぷりと拝める。転車台が稼働する小樽築港機関区《おたるちっこうきかんく》の勇姿にはじまり、同駅から小沢《こざわ》駅まで驀進《ばくしん》する貨物列車を寅さんがタクシーで追跡するシーンが出色。この列車は国鉄の全面協力によって特別に仕立てられたものだ。鉄道ファンなら快哉《かいさい》を叫ぶだろう。

蒸気機関車から電車への移行期をとらえているのが第8作「寅次郎恋歌」（1971年）と第32作「口笛を吹く寅次郎」（1983年）の2作だ。両作ともに、岡山県高梁《たかはし》市が舞台で、前者では博《ひろし》の父親と寅さんが買い物に行く場面にD51形蒸気機関車が登場する。12年後の後者では、同じ場所を特急電車「やくも」が疾走していき、隔世の感がある。

第11作「寅次郎忘れな草」（1973年）で、リリー（マドンナの浅丘《あさおか》ルリ子）が初登場するのは、C58形が牽《けん》引《いん》する網走《あばしり》行き夜行急行「大雪《たいせつ》」である。

第15作「寅次郎相合い傘」（1975年）にいたっては、リリーと蒸発男（船越《ふなこし》英二《えいじ》）とともに、函館本線の蘭島《らんしま》駅で一夜を明かしている。

第10作「寅次郎夢枕」（1972年）では、中央本線日出塩《ひでしお》駅の待合室でオープニングシーンの夢を見て、第39作「寅次郎物語」（1987年）でも、関東鉄道常総《じょうそう》線の中妻《なかつま》駅で幼いさくらを残して家出した夢を見ている。そう、寅さんが乗るのはひなびたローカル線ばかりであり、今や廃線になった路線も少なくない。シリーズではそれが大きな見どころとなっている。

「寅さん」もっと知りたい
By Player【男優編】

名脇役

初代おいちゃん役の森川信《もりかわしん》の演技が出色

絶妙の呼吸と間「バカだねぇ～」

脇役陣でシリーズを盛り上げた功労者は、初代おいちゃん役の森川信《もりかわしん》だろう。映画シリーズになる前のテレビ版でも、おいちゃんに扮《ふん》した。戦前からコメディアンとして活躍したが、広く知られるようになったのは、本シリーズでおいちゃん役を演じてからだ。

渥美清《あつみきよし》との掛け合い場面のおかしさは無類。寅さんの失態や失恋の後に吐く、「バカだねぇ～」の呼吸と間は天下一品である。第4作「新 男はつらいよ」（1970年）では、極め付きの名演技を披露した。幼稚園の先生（マドンナの栗原小巻《くりはらこまき》）にぞっこんの寅さん。園児たちとお遊戯した余韻を引きずったまま、童謡「春が来た」を歌いながら帰宅する。すると、おいちゃんが「ふん、どこに来たもねえもんだ。てめえの頭ん中に来たんじゃねえのか」と反応。きつく響くセリフに思われるかもしれないが、その言葉の背後には甥《おい》っ子への親愛感がにじみ出ていた。実際、この場面は、何度観てもふき出してしまう。8作品に出演して死去したのは、惜しみても余りある。同意見のファンも多いはずだ。

ゲスト出演陣に目を移そう。まずは、大滝秀治《おおたきひでじ》である。第16作「葛飾立志篇」（1975年）では山形県慈恩寺《じおんじ》の住職役として登場、寅さんに学問を始めるよう言い聞かす。第22作「噂の寅次郎」（1978年）では雲水《うんすい》役で、寅さんに「女難の相が……」と忠告。いずれもいぶし銀のような演技を見せ、忘れがたい印象を残す。坊さんばかりではない。第17作「寅次郎夕焼け小焼け」（1976年）では、古本屋のオヤジに扮して渥美清とからみ、映画が主役だけでは成り立たないことを実感させる。黒澤明《くろさわあきら》監督の「天国と地獄」ではセリフなしの新聞記者役で登場、表情だけで存在感を放った。いい役者である。

はずせない笹野高史《ささのたかし》とすまけい

"ワンシーン役者"を自任する笹野高史は、シリーズ後半の常連脇役である。初登場は第36作「柴又より愛をこめて」（1985年）。寅さんと同業の遊び人風の役だ。渥美清が山田洋次《やまだようじ》監督に紹介して出演の運びになったという。

以降、区役所の結婚相談室員、列車の車掌、祭りをねらったケチな泥棒、島の駐在警察官など、一つとして同じ役柄がない。山田監督の「キネマの天地」（1986年）では屑屋《くずや》に扮し、主演の渥美清にひけをとらぬ演技を披露している。今や名優として八面六臂《はちめんろっぴ》の活躍をしているのはご存じの通りだ。

次いで、シリーズ後半の作品にたびたび顔を見せた、すまけい。船長役で2回、芝居小屋の掃除夫、花嫁の父親などを演じた。苦労人のブルーカラー役が光る役者である。シリーズの貴重なバイプレーヤーである。ほかにも、桜井《さくらい》センリ、柄本明《えもとあきら》、イッセー尾形《おがた》、犬塚弘《いぬづかひろし》、じん弘《ひろし》、人見明《ひとみあきら》、東八郎《あずまはちろう》、津嘉山正種《つかやままさね》らの自然な演技を楽しみたい。そういえば出川哲朗《でがわてつろう》も第37作以降の作品にちょい役で出演している。

ゲイのバイカー、ローカル線の車掌などを演じ、常連となった笹《ささ》野《の》高史《たかし》（右）。写真は初出演となった下田の"ダチ公"役。

第4章

寅さんの“得意技”

鑑賞編③

◉寅さんの独壇場……追随を許さない独自の話術

シリーズは寅さんの〝得意技〟でできている

寅さんに扮《ふん》した渥美清《あつみきよし》は天才である。長寿映画としてギネスブックに登録されているシリーズの主人公を、一人で演じきったことだけでもその名に値する。同じ松竹の人気シリーズ「釣りバカ日誌」（1988〜2009年／映画は全22作）は、メインキャストの三國連太郎《みくにれんたろう》が死去した後、テレビドラマ化されているが、「男はつらいよ」の場合、渥美清以外の役者が寅さんを演じることは難しい。寅さん＝渥美清であり、渥美清なくしては世界が成り立たないからだ。「刑事コロンボ」のピーター・フォークのようなものである。

このシリーズが「国民的映画」と呼ばれるようになったのは、テレビシリーズに続いて、渥美清を主役に抜擢《ばってき》したからである。その頃、渥美清はすでに喜劇役者としての地歩《ちほ》を固め、破天荒で荒唐無稽《こうとうむけい》、意外性のある演技には定評があった。それだけでなく若い修業時代にはテキ屋の仕事を手伝ったり、その口上に魅せられて、言い回しなどの研究を重ねて

いた。まさにテキ屋（香具師《やし》）を生業《なりわい》とする寅さん役にぴたりとはまる役者であった。

しかし、映画では香具師の世界に踏み込むことはない。実際にはさまざまなしきたりや裏事情があるはずだが、それには一切触れず、「行く先？　風に聞くのよ」などとのたまう男をキャラクタライズしている。葛飾柴又《かつしかしばまた》のだんご屋「とらや」の跡取り息子のはずが、旅から旅への渡り鳥。そんな男が、一年に数度、家に帰ってきては悶着《もんちゃく》を起こして、また逃げるように旅に出る。シリーズはその繰り返しだが、渥美清が演じる寅さんの存在感があまりにも強いため、ファンは物語とともに〝寅さんの芸〟にはまってしまう。

それは話芸（啖呵売《たんかばい》やモノローグ）、歌、顔芸などといろいろだが、寅さんのキャラクターを通して、渥美清が蓄積した諸芸を披露している感じなのである。このため「男はつらいよ」は落語に似ていると言われる。ストーリーが変わらない古典落語のファンが何回も同じ演目を聞き続けられるのは、噺家《はなしか》の話術に引き込まれるからだ。「男はつらいよ」も同じで、観客は渥美清の話芸や所作《しょさ》そのものに魅了されるのである。

例えば家族相手のモノローグに、ファンの間で「寅のアリア（独唱）」と呼ばれる場面があるが、これは渥美清より演技巧みな役者がいたとしても絶対にまねできない。物言い、間、情感、表情、身振り手振りなどすべてが渥美清の独壇場《どくだんじょう》である。言ってみれば「男はつらいよ」シリーズは渥美清の〝得意技〟を集大成したような映画なのである。だから何回も繰り返して鑑賞でき、老若男女《ろうにゃくなんにょ》あらゆる世代の人の心を揺さぶるのである。

巧みな話術

お茶の間の団欒《だんらん》。寅さんがおもむろに居ずまいを正すと、長い長いアリアやモノローグが始まる。家族のみんなは、その話術に引き込まれ涙を流す。

第42作「ぼくの伯父《おじ》さん」(1989年)。寿子《ひさこ》(マドンナの檀《だん》ふみ)に葛飾柴又《かつしかしばまた》の様子を聞かせる寅さん。「こういう静かな美しい土地へ来ますと、腰をすえてゆっくり暮らしてみたいなと、しみじみ思います」などと話すと、余韻が寿子の心に広がっていった。

◉語りかけるようなアリアと独白

「私《わたくし》、生まれも育ちも葛飾柴又《かつしかしばまた》です。帝釈天《たいしゃくてん》で産湯《うぶゆ》をつかい、姓は車《くるま》、名は寅次郎《とらじろう》。人呼んでフーテンの寅と発します」。めっぽう威勢のいい口上とともに始まったシリーズだが、啖呵売《たんかばい》ばかりが寅さんの話術ではない。喧嘩《けんか》の見得《みえ》、商売仲間と話す時の符牒《ふちょう》などと魅力はいろいろあるが、その極め付きが「寅のアリア（独唱）」である。

シリーズ屈指の名作と推す人の多い第15作「寅次郎相合い傘」（1975年）でのアリアは、おばちゃんまでもらい泣きする臨場感たっぷりの好場面だ。キャバレーの楽屋口までリリーを送っていった寅さんは、汚い楽屋の様子を見て「何とかしてやりたい。リリーがかわいそうだ」と心を痛めた。そして、「とらや」に戻ると、一流劇場で歌わせる己の夢を語った。

感情移入が激しいアリアの名調子と切々とした愛情が感じられるモノローグ

第23作「翔んでる寅次郎」（1979年）。ひとみ（マドンナの桃井《ももい》かおり）と邦男《くにお》（布施明《ふせあきら》）との結婚式では、破天荒だが心にしみる名挨拶を行った。

第30作「花も嵐も寅次郎」（1982年）。螢子《けいこ》と再会。寅さんは巧みな話術で一気に距離感を縮める。

「（前略）スポットライトがパーッ、と当たってね、そこにまっ白《ちろ》けなドレスを着たリリーがスーッと立ってる。ありゃ、いい女だよ。（中略）それに目だってパチッとしてるから、派手るんですよ」。感極まった寅さんは、リリーが歌うであろう「悲しい酒」を情感たっぷりに歌ってみせる。

「客席はシーンと水を打ったようだよ。皆、聞き入っているからなあ。お客は泣いてますよぉ、リリーの歌は悲しいもんねえ。やがて、歌が終わる。花束、テープ、紙吹雪《かみふぶき》、バアーッと割れるような拍手喝采《はくしゅかっさい》だよ（後略）」。おばちゃんならずとも、もらい泣きする名場面だ。観客に語りかけるような独白（モノローグ）もまた独壇場《どくだんじょう》である。第40作「寅次郎サラダ記念日」（1988年）で、小海線《こうみせん》（小淵沢《こぶちさわ》～小諸《こもろ》）に乗った寅さんは、車中でスルメを肴《さかな》に一杯やりながら自らの境涯《きょうがい》を自嘲気味《じちょうぎみ》に語った。

「こんな暮らしから早く足洗いたいと、いつも反省するんだが、知っての通りのヤクザな性分だ。長続きするわけなんかねえ。バカは死ななきゃ治らねえとは俺のことさ。せめておまえの息子に、けっしておじさんみたいな人間になるなと、朝晩言って聞かせてやれよ。満男《みつお》が正直で働き者で、町内の人たちに慕われるような立派な人間になれることを、おじさんはいつも祈っているとな」

感情移入が激しいアリアは、まるで映像が浮かび上がるような名調子。対するモノローグにも切々とした愛情が感じられる。寅さんの話術は愛のセレナーデなのである。

啖呵売

口跡《こうせき》も鮮やかにまくしたてる啖呵売《たんかばい》の口上。全国各地の祭りや初詣で賑《にぎ》わう神社で、その名人芸を披露し、劇中の通行人はもとより、映画の観客をも魅了した。

第14作「寅次郎子守唄」(1974年) 撮影時に佐賀県の唐津《からつ》神社で撮られた、渥美清《あつみきよし》と山田洋次《やまだようじ》監督のツーショット。渥美清が青年時代に上野界隈《かいわい》で聞き覚えたテキ屋の口上を山田監督がつぶさに聞き出して、全作品のシナリオに取り入れた。

◉景気のよい口上で客を引きつける

寅さんが扱っている商品は腐らないもので、プロ中のプロが扱うある意味際物《きわもの》。寅さんのように口上付きで売ることを啖呵売《たんかばい》(売《ばい》)という。一種の話芸で、テキ屋仲間からは一目置かれる存在だ。寅さんの啖呵売は、立て板に水を流すがごとく流暢《りゅうちょう》。仲間のポンシュウ(関敬六《せきけいろく》)のそれが、単なる呼び込みであるのと比較すれば明らかだ。

啖呵売は、言葉の魔力で通行人を自分の前に引き寄せなければ始まらない。さらに、インチキすれすれの買い物をさせられた客に、「あんなに面白い啖呵が聞けたんだから、まあ、よしとするか」とあきらめさせる話術でなければならない。

「腹切ったつもり、どう! 四百、三百! これで買い手がなかったら右に行って田子《たご》ノ浦《うら》、左に行って三島、右

威勢よく澱《よど》みのない寅さんの啖呵売《たんかばい》に 道行く人はみな足を止める

第42作「ぼくの伯父《おじ》さん」(1989年)のラストシーン。佐賀県小城《おぎ》町(現・小城市)の須賀《すが》神社で易断の売《ばい》をする。「天に軌道のあるごとく、人それぞれ運命というものをもっております。この世に生きとし生けるもの、その運命に逆らうことは誰一人できません……」などと、寅さんの易断は心に染み入り、思わず足を止めたくなる。

第12作「私の寅さん」(1973年)。寅年にちなみ、阿蘇山の火口付近で寅の絵を売る。非売品とあるのは、柳《やなぎ》りつ子《こ》(マドンナの岸惠子《きしけいこ》)が描いた寅さんの似顔絵。

と左の泣き別れだ、ようし、特別二百円!」(第7作「奮闘篇」1971年)。

こんな歯切れよく痛快な啖呵が、シリーズ全作品のいたるところにちりばめられている。

テキ屋の世界では、客の購買意欲をそそるため、客のふりをして品物をほめたり、高く買い物する仲間を「さくら」という。ルール違反ではあるが、寅さんはしばしばこの手を使う。

「さくら」に化けるのは、たいてい舎《しゃ》弟《てい》の登《のぼる》(秋《あき》野《の》太《たい》作《さく》)や源公《げんこう》(佐藤《さとう》蛾《が》次《じ》郎《ろう》)だが、第15作「寅次郎相合い傘」(1975年)では、旅先で知り合った蒸発男(船越英二《ふなこしえいじ》)が札幌の大通公園で万年筆を売り、リリー(マドンナの浅丘《あさおか》ルリ子《こ》)と寅さんが「さくら」をやった。まさにビギナーズ・ラックで、万年筆は飛ぶように売れ、寅さんをして「素人《しろうと》は怖いよ」と言わしめた。

歌唱力

寅さんは、ご機嫌になると歌を口ずさむ。旅暮らしに明け暮れるだけに、股旅《またたび》ものや民謡が多いが、童謡や浪曲もお得意で、替え歌もお手のものである。

第31作「旅と女と寅次郎」(1983年)では、はるみ(マドンナの都《みやこ》はるみ)と「矢切《やぎり》の渡《わた》し」をデュエットするほか、「佐渡おけさ」や「涙の連絡船」などで自慢の喉を聞かせた。

第4作「新 男はつらいよ」(1970年)。春子《はるこ》(マドンナの栗原小巻《くりはらこまき》)へのお土産《みやげ》を抱え、「めだかの学校」を歌いながら帰宅する寅さん。舞い上がった姿は参道の笑い者となった。

◉鼻歌は〝ご機嫌〟のバロメーター?

喜怒哀楽のはっきりしている寅さんは、機嫌のいい時はよく鼻歌を歌っている。ことさら気分の明るい時に、ひょいと口をつくのは童謡である。

第4作「新 男はつらいよ」(1970年)では、幼稚園の先生(マドンナの栗原小巻《くりはらこまき》)にのぼせ上がり、童謡「春が来た」を歌いながら「とらや」に帰る。おいちゃん曰《いわ》く、「ふん、どこに来たもねえもんだ。てめえの頭ん中に来たんじゃねえのか」。爆笑である。

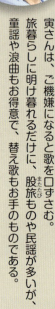

この作品では、「春が来た」のほかに「めだかの学校」も歌っている。第10作「寅次郎夢枕」(1972年)と第36作「柴又より愛をこめて」(1985年)では、「七つの子」を歌う。

渡り鳥を自任する彼が最も得意とする歌のジャンルは、股旅《またたび》ものだろう。旅暮らしの寅さんが、第3作「フーテ

時には陽気に、時にはしみじみと寅さんは歌を口ずさみ自らを鼓舞《こぶ》した

第36作「柴又より愛をこめて」（1985年）では、式根《しきね》島の同窓会に参加して、一同で「七つの子」を合唱。このように宴席で歌うことはしばしばあったが、カラオケをすることはなかった。美声ではないが、訴求力抜群の玄人《くろうと》好みの声である。

ンの寅」（1970年）で口ずさむのは、昭和初期に東海林太郎《しょうじたろう》が歌って大ヒットした「旅笠道中《たびがさどうちゅう》」。これを絶妙の節回しでうなると、観客は「よっ、寅さん」などと声をかけたくなってしまう。

旅にかかわる歌もたびたび口にしている。「誰か故郷を想わざる」「旅の夜風」「憧れのハワイ航路」「涙の連絡船」「知床旅情」……。

都《みやこ》はるみをマドンナに迎えての第31作「旅と女と寅次郎」（1983年）は、寅さんと演歌の女王が歌でも共演する豪勢な作品だ。マドンナが演歌の女王とは気が付かない寅さんが、「うまいねえ、歌が。銭取れるよ」と言って、笑わせる。

音楽の都ウィーンでは、ドナウ川のほとりで、あろうことか「大利根月夜」を朗々と歌う（第41作「寅次郎心の旅路」1989年）。山谷《さんや》、釜ヶ崎《かまがさき》の労働者が好んで歌っていた曲目だ。啖《たん》呵売《かばい》の口上で鍛えた耳の良さ、記憶力が役立っているのかもしれない。

タコ社長が経営する印刷工場の工員をつかまえて「職工！」と呼び捨てる寅さんだが、意に反して「メーデー歌」を第5作「望郷篇」（1970年）と第14作「寅次郎子守唄」（1974年）で2度も歌っている。

彼らに向かって「朝から晩まで仕事してりゃいいってもんじゃねえよ。（略）貧しいねえ、君らは」（第3作「フーテンの寅」1970年）などと叫ぶかと思えば、「労働者諸君！」と鼓舞《こぶ》したりする。感情の振幅が大きいのが、いかにもである。

段取り力

とかく寅さんはズボラと思われがちだが、意外と用意周到。先を読んで準備を整えることに手間を惜しまない。ことに冠婚葬祭では、その段取り力を遺憾なく発揮した。

第7作「奮闘篇」(1971年)。沼津駅近くの交番で心細げな花子《はなこ》(マドンナの榊原《さかきばら》るみ)を見つけた寅さん。理路整然とした話をお巡《まわ》りさんにして、津軽までの花子の電車賃を出させてしまった。

第18作「寅次郎純情詩集」(1976年)。綾《あや》(マドンナの京《きょう》マチ子《こ》)を水元《みずもと》公園に案内すると、お供の源《げん》公《こう》のリュックから急須と湯呑みなどさまざまなものが取り出される。野外では使えない電気ストーブに一同大笑いだが、いかにも"ダンドリくん"らしい早業の準備であった。

◉義理堅い寅さんだからこその段取り

何かといえば、冠婚葬祭を仕切りたがるのが寅さんの常。第1作「男はつらいよ」(1969年)では、さくらと博《ひろし》の結婚式を段取りし、第2作「続男はつらいよ」(1969年)では恩師の葬儀を仕切った。テキ屋ならではの義侠心《ぎきょうしん》を発揮するのに最高の舞台は冠婚葬祭と心得ているらしい。

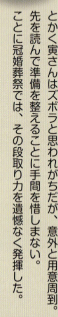

博の実家での葬式や法事にも姿を現し(第8作「寅次郎恋歌」1971年)、第32作「口笛を吹く寅次郎」(1983年)では、にわか僧侶《そうりょ》となって法話を垂れる。第30作「花も嵐も寅次郎」(1982年)では、たまたま旅先で知り合っただけの三郎《さぶろう》青年(沢田研《さわだけん》二《じ》)の母の法要を取り仕切った。

他作でも何かと法事に縁がある。第11作「寅次郎忘れな草」(1973年)では、父親の27回忌に偶然帰ってき

とりわけ弔いとなると張り切る寅さん「こういう時には便利な男だねえ」（タコ社長）

第30作「花も嵐も寅次郎」（1982年）。旅先で知り合った三郎《さぶろう》（沢田研二《さわだけんじ》）の母親の供養をするため、寅さんは立ちどころに僧侶から精進《しょうじん》落としの料理まで手配する。

第34作「寅次郎真実一路」（1984年）。失踪《しっそう》した夫を捜す富永《とみなが》ふじ子《こ》（マドンナの大原麗子《おおはられいこ》）が海を眺めている間に、寅さんは売店のおばさんに頼んで海岸でバーベキューをする段取りをつける。旅慣れているだけに、移動経路も無駄がなかった。

て、おいちゃんの葬式と早合点《はやがてん》。第5作「望郷篇」（1970年）では、おいちゃんが死ぬ夢まで見る。慌てて「とらや」に電話をかけると、死にかけているという冗談を真に受けてしまう。すると、おいちゃんの危篤を柴又中に触れ回り、葬儀屋への手配をしたりと、何から何まで段取ってしまい、引っ込みがつかなくなってしまった。

「仕方がねえだろ。おいちゃんが死にでもしなさゃね、俺は恩返しができないんだよ。俺が取り仕切ってよ、さすがとらやさんの葬式だって、人に羨《うらや》ましがられる葬式を出してえなって思ってたのよ」

寅さんの早とちり、とんちんかんな思い込みが巻き起こす騒動に接し、バカな男だなぁと、観客は優越感を少しばかりくすぐられるという仕掛けなのかもしれない。

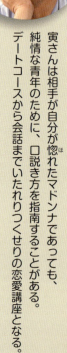

恋愛指南

寅さんは相手が自分が惚《ほ》れたマドンナであっても、純情な青年のために、口説き方を指南することがある。デートコースから会話までいたれりつくせりの恋愛講座となる。

第30作「花も嵐も寅次郎」(1982年)。寅さんのアドバイスを踏まえて、螢子《けいこ》(マドンナの田中裕子《たなかゆうこ》)とデートをする三郎《さぶろう》(沢田研二《さわだけんじ》)。筋書き通りとはいかなかったが恋は結実する。

◉微に入り細をうがった恋の手ほどき

シリーズ前半こそ自分の恋で手一杯だったが、中盤以降の作品では若い男女のコーチ役を買って出るケースが目立ってくる。一度も恋を実らせたことのない男のコーチなんて、と思ってはならない。指導を得た教え子は、ほぼ100パーセントの成功率を誇る。

第30作「花も嵐も寅次郎」(1982年)では、動物園の飼育係の三郎《さぶろう》(沢《さわ》田研二《だけんじ》)が、デパートガールの螢子《けいこ》(マドンナの田中裕子《たなかゆうこ》)に一目惚《ひとめぼ》れ。寅さんは内気な三郎に同情し、コーチ役を買って出る。まずは江戸川へ散歩に行けとアドバイス。そして、土手に腰を下ろすところから始まり、手取り足取りの実践講義は次第に熱を帯びてくる。指南《しなん》の甲斐《かい》あって、二人はめでたく結婚。この二人が実生活でも結ばれたことは、ご存じの通り(実生活では

思い切ってなんでも言ったらいいさ 惚《ほ》れてますとか、好きですとか（寅さん）

第35作「寅次郎恋愛塾」(1985年)。司法試験を目指して猛勉強中の民夫《たみお》（平田満《ひらたみつる》）が、同じアパートに住む若菜《わかな》（マドンナの樋《ひ》口可南子《ぐちかなこ》）に思いを寄せていると知った寅さんは、焼きもちを焼いて隠し持っていた写真を取り上げてしまう（下）。しかし、真剣に恋をしている民夫を応援しようと思い直し、デートの筋書きを作って一部始終を実演。民夫はメモを取って本番に挑む（左）。

志穂美悦子《しほみえつこ》と長渕剛《ながぶちつよし》も第37作「幸福《しあわせ》の青い鳥」〈1986年〉が縁で結ばれた）。

第35作「寅次郎恋愛塾」（1985年）では、若菜《わかな》（マドンナの樋口可南《ひぐちかな》子《こ》）にぞっこんの民夫《たみお》（平田満《ひらたみつる》）に、「色恋の道にかけては、俺の前では、お前はくちばしの黄色いヒヨコも同然」と大口をたたく。

後期作品では、「若い時ってのはなぁ、胸の中に炎が燃えている。そこへ恋という一文字を放り込むんだ。水なんかかけたって消えやしない」（第43作「寅次郎の休日」1990年）と言ったかと思うと、「恋というものはな、長続きさせるためには、ほどほどに愛するということを覚えないといけない」（第44作「寅次郎の告白」1991年）と講釈を垂れる。だが、寅さん自身は一度だって「ほどほどに愛した」ことなどない。

眼力《めぢから》

口から生まれてきたかのように、よくしゃべる寅さんだが、いざという時になると、たちまち言葉少なになる。得意のアイコンタクトで思いの丈を伝えるが、その結果は……。

第44作「寅次郎の告白」(1991年)。聖子《せいこ》(マドンナの吉田日出子《よしだひでこ》)との別れのシーン。お互いに本心を語ることができず、聖子は寅さんの手をつねり、寅さんは目で返答する。

◉本当に目は口ほどに物を言うのか?

啖呵売《たんかばい》で鍛え上げた寅さんの話術は名人の域に達している。けれど、これは商売の際の話で、こと恋愛となると事情が違ってくる。寅さんが使うことわざの筆頭は、「目は口ほどに物を言う」だろう。それを実践するかのように、寅さんは「愛してます」と言葉に出しては言わず、思いの丈を目に込めて、せつせつと訴える。いわゆる秋波《しゅうは》で、これこそ効果絶大だと信じ込んでいる。

秘めた思いを目に力を込めて訴えるシーンは、枚挙《まいきょ》にいとまがないほどある。そのどれもが、流暢《りゅうちょう》に述べ立てる啖呵売との落差もあって、ひときわ強い印象を残す。

この眼力《めぢから》を実践する姿勢は、シリーズの開始当初から一貫している。第1作「男はつらいよ」(1969年)で、

言わず語らずわが心
胸に秘めた思いを小さな目で語る

第47作「拝啓車寅次郎様」（1994年）。典子《のりこ》（マドンナのかたせ梨乃《りの》）夫婦の間がうまくいっていないことを知った寅さんは、慰める言葉が見つからずに虚空《こくう》を見つめてしまう。

肝心なところで黙ってしまうのが寅さんの常。第11作「寅次郎忘れな草」（1973年）のリリー（マドンナの浅丘《あさおか》ルリ子《こ》）に対しても（左）、第40作「寅次郎サラダ記念日」（1988年）の真知子《まちこ》（マドンナの三田佳子《みたよしこ》）に対しても（右）、それは変わらなかった。

隣の印刷工場の工員・博《ひろし》が、さくらを好きだとわかった寅さんは、目に物言わすすべを博相手に実演する。「訴えるような、すがるような、甘えるような目でジーッと見るんだよ」と、博に流し目を送ってみせるのだ。

寅さん自身は、題経寺《だいきょうじ》（通称・帝釈《たいしゃく》天《てん》）の御前様《ごぜんさま》の娘・冬子《ふゆこ》（マドンナの光本幸子《みつもとさちこ》）に身も世もないほど惚《ほ》れており、水元《みずもと》公園の池でボートを漕《こ》ぎながら、目に物言わそうと躍起《やっき》になる。ところが、冬子は「あら、目にゴミでも入ったの？」と気づかない。

自分自身のこととなると、必勝法もからっきし効果はないのだった。〝弟子〟の博は、めでたくさくらのハートを射止めたというのに。

師匠は失恋の連続なのに反し、弟子のほうは次々と恋を実らせる。その逆転現象が笑いを呼ぶのである。

変身の術

喜怒哀楽を隠すことができない寅さんは、
その時の感情がすぐさま顔に出る。
変装してごまかすこともあるが、徒労に終わるばかりだ。

むっつり

豹変《ひょうへん》!

にっこり

第24作「寅次郎春の夢」(1979年)。圭子《けいこ》(マドンナの香川京子《かがわきょうこ》)を満面の笑みで迎える寅さん(右)だが、夫がいると知ると態度が豹変《ひょうへん》(左)。瞬時にして目の色も顔色も変わる。

◉目まぐるしく変化する寅さんの表情

自らのおつむの出来具合について、「まぁ、いってみりゃ空っぽといいましょうか、叩《たた》けばコーンと澄んだ音がしますよ」(第3作「フーテンの寅」1970年)という通り、寅さんはおりおりの喜怒哀楽がストレートに表情に出る。不愉快さを胸にしまって、表面は笑顔をつくろうなんぞという芸当はできない。なおかつ、表情の変化が目まぐるしいのが、寅さんという男だ。

些細《ささい》なことでつむじを曲げ、おいちゃんとおばちゃんに対して「老い先の短い、耄碌《もうろく》じじいに歯抜けばばあ」と毒づいたかと思うと、マドンナが「とらや」を訪ねてくると知って、たちまち有頂天になる。その変わり身の早さも、このシリーズの大きな魅力の一つといえるだろう。

寅さんは、天井に雨漏りの這《は》う宿で

喜怒哀楽が激しい寅さん 変わり身が早く、その顔色も千変万化

大喧嘩《おおげんか》をして「とらや」を飛び出しただけに（上）、帰ってくる時はバツが悪い。それをごまかすために、第7作「奮闘篇」（1971年）ではチョビ髭《ひげ》にサングラス姿で店の前をうろうろ。本人は変装しているつもりだが、誰もがお見通しだ（左）。

勉強嫌いの寅さんは、何回か学生に“変身”している。第40作「寅次郎サラダ記念日」（1988年）では早稲田大学の天ぷら学生となり、第26作「寅次郎かもめ歌」（1980年）では定時制高校の教室に忍び入り、講義を聴いている。教壇に立つ先生は、第40作が三國一朗《みくにいちろう》、第26作が松村達雄《まつむらたつお》（2代・おいちゃん）であった。

ぽつねんとしている折、「とらや」における温かい団欒《だんらん》を脳裏に浮かべる。そして、帰心《きしん》矢のごとき心境で柴又の土を踏みはしたものの、恥をさらして後にした故郷であるから、どうにも「とらや」の敷居が高い。

で、店の前をうろうろしたり、菅笠《すげがさ》で顔を隠したりすることになる。

素直に「やあ、皆、元気か」と挨拶すればすむものを、黒メガネに付け髭《ひげ》姿に変装して行きつ戻りつしたのは、第7作「奮闘篇」（1971年）。正体がばれていないと思っているのは当人だけで、「とらや」の面々は、とうに気付いている。寅さんの顔を立てて、気付かぬふりをしているだけだ。

いくら変装したところで、あの四角い顔を誰が見間違えようか。おいちゃんが「バカだねぇ、まったく」と声をひそめることになるのだった。

「寅さん」もっと知りたい
By Player［女優編］
名脇役

若き日の名女優や往年の大女優に注目

名女優の成長過程を楽しむ

華やかなスポットライトこそ浴びないが、脇役女優たちのキラリと光る演技を楽しめるのも、ギネスブックに登録されたシリーズならでは。

第28作「寅次郎紙風船」(1981年)で、家出したフーテン娘・愛子《あいこ》を演じた岸本加世子《きしもとかよこ》の演技は秀逸。後年、数々の優秀助演賞を得た岸本だが、すでに本作でその片鱗《へんりん》を見せている。

大分県で一稼ぎした寅さんは、久大《きゅうだい》本線(久留米《くるめ》〜大分《おおいた》)・夜明《よあけ》駅前の旅館に投宿。そこで相部屋となったのが、静岡県の焼津《やいづ》から家出してきた愛子だ。愛子は部屋に入って来るなり、先客である寅さんに尖《とが》った言葉を投げつけるのだが、寅さんがフーテンだと知って態度が一変。自分の境涯《きょうがい》と同じであることに親近感を持ったらしい。この場面のおかしさは無類。見逃せない名場面である。

以降、どこまでも寅さんにまとわりついて離れない。筑後《ちくご》川河口、有明《ありあけ》海に近い宿でのシーンも忘れがたい。人生の儚《はかな》さに思いをいたしている寅さんに向かって、「柄じゃないわよ、ムツゴロウが眠ったような顔をして」なんて小生意気な口をきいているが、その愛くるしさは天下一品だ。

第28作「寅次郎紙風船」(1981年)の愛子《あいこ》は、キュートでコケティッシュ。並みいる女性ゲストの中でも一際《ひときわ》輝いていた。

大竹《おおたけ》しのぶが顔を見せるのは、第20作「寅次郎頑張れ！」(1977年)。柴又の食堂の看板娘・幸子《さちこ》の役だ。真面目《まじめ》で働き者の娘で、「とらや」に下宿中の良介《りょうすけ》(中村《なかむら》雅俊《まさとし》)と恋に落ちるのだが、純情可憐《じゅんじょうかれん》さが際立つ。大竹は後年、多重人格の女に扮《ふん》して迫真の演技を披露するようになるのだが、こういった役者が成長していく過程に立ち会えるのは、本シリーズの余《よ》禄《ろく》といえる。

第6作「純情篇」(1971年)は、森繁《もりしげ》久彌《ひさや》がため息の出るほどの演技力を見せつけた作品だが、その娘・絹代《きぬよ》を演じたのが宮本信子《みやもとのぶこ》。赤ん坊を背負って、一度は捨てた故郷に帰ろうとする場面で寅さんと出会う。渥美、森繁、宮本の三者が語り合うシーンは、ホロリとさせられ、なおかつお国言葉も堪能できる。

印象深い名脇役や往年の大女優

テレビ番組「男はつらいよ」でおばちゃん役をつとめた杉山《すぎやま》とく子《こ》の存在も注目に値する。第5作「望郷篇」(1970年)における浦安の豆腐屋の女主人や、第35作「寅次郎恋愛塾」(1985年)のアパート管理人など、ちらりと登場するだけでも印象深い役柄を演じた。第44作「寅次郎の告白」(1991年)では鳥取県倉吉《くらよし》の駄菓子《だがし》屋の女主人に扮し、三味線を弾く。玄人《くろうと》受けする女優である。

往年の大女優が出演している作品も多い。第2作「続 男はつらいよ」(1969年)の風見章子《かざみあきこ》、第10作「寅次郎夢枕」(1972年)で旧家の奥様を演じた田中絹《たなかきぬ》代《よ》、第17作「寅次郎夕焼け小焼け」(1976年)で日本画壇の大家(宇野重吉《うのじゅうきち》)のかつての恋人に扮した岡田《おかだ》嘉子《よしこ》、第23作「翔んでる寅次郎」(1979年)の木暮実《こぐれみ》千代《ちよ》らである。

第5章

マドンナ万華鏡

鑑賞編④

◉寅さんを巡る40人……4つのパターンで恋のドタバタ劇は終わる

渡《と》世《せい》人《にん》に惚《ほ》れちゃあ、いけねえよ

マドンナはシリーズの華である。公開前には常に「マドンナは誰か」が巷間《こうかん》を賑《にぎ》わせていた。

マドンナは全48作を通じて40人が登場している。全48作なのに40人？　と思われるかもしれないが、①複数回登場するマドンナがいる、②泉《いずみ》（後藤久美子《ごとうくみこ》）もマドンナに数えている、ためである。①に該当するのは、リリー（4回／浅丘《あさおか》ルリ子）、朋子《ともこ》ほか（3回／竹下景子《たけしたけいこ》）、歌子《うたこ》（2回／吉永小百合《よしながさゆり》）、葉子《ようこ》ほか（2回／松坂慶子《まつざかけいこ》）、春子《はるこ》ほか（2回／栗原小巻《くりはらこまき》）、早苗《さなえ》ほか（2回／大原麗子《おおはられいこ》）だ。②の泉は第42作以降5回登場。満男《みつお》に好意を抱いていて、寅さんを「おじちゃま」と呼び、心の底から尊敬している。

最多の浅丘ルリ子は第49作「寅次郎ハイビスカスの花 特別篇」（1997年）を数えると5回となる。実は本来の第49作は、「寅次郎花へんろ」のタイトルで、初の高知ロケを行う予定だったが、渥美清《あつみきよし》の体調を考えて中止となった。この時もマドンナは誰か？が話題となったことはいうまでもない（吉永小百合という噂もあった）。

さて、寅さんがマドンナに惚れるのは「お約束」として、対するマドンナはどうだったのか。寅さんに対する気持ちは、4つのパターンに分かれる。まずは、①寅さんの生き方に共感、②寅さんを尊敬、③お兄さん的に敬慕、である。そして最後の④が重要。驚くなかれ、「男として愛している」だ。一般に寅さんはフラれてばかりというイメージが浸透しているが、実は何人ものマドンナが惚れている。

例えば、第10作「寅次郎夢枕」（1972年）の千代《ちよ》（八千草薫《やちぐさかおる》）、第29作「寅次郎あじさいの恋」（1982年）のかがり（いしだあゆみ）、第32作「口笛を吹く寅次郎」（1983年）の朋子《ともこ》（竹下景子《たけしたけいこ》）などであり、リリーにいたっては、第25作「寅次郎ハイビスカスの花」（1980年）、第48作「寅次郎紅《くれない》の花」（1995年）で〝同棲《どうせい》〟までしている特別な存在である。しかし、こうした相思相愛の恋も成就《じょうじゅ》はしていない。なぜか？それはマドンナから決定的な告白を受けると、自ら身を引いてしまうからだ。「もしかして俺に惚れている？↓うれしい↓が、そいつは考えもん↓旅暮らしで生活力がない↓所帯は持てない↓幸せにできない」という心の働きが邪魔してしまうのだ。

観客は誰でも「叔父《おじ》夫婦を楽隠居させて〈とらや〉を継げば、生活の不安はなくなる」と思うのだが、寅さんに稼業から足を洗う気持ちはけっして起きない。常人では推し量ることができない「面倒くさい男」の本性がこんな重大局面でも発揮され、自ら墓穴を掘るのである。

全49作品 歴代マドンナ一覧

①光本幸子

②佐藤オリエ

③新珠三千代

④㊱栗原小巻

⑤長山藍子

⑥若尾文子

⑦榊原るみ

⑧池内淳子

⑨⑬吉永小百合

⑩八千草薫

⑪⑮㉕㊽㊾浅丘ルリ子

⑫岸恵子

⑭十朱幸代

⑯樫山文枝

⑰太地喜和子

⑱京マチ子

⑲真野響子

⑳藤村志保

㉑木の実ナナ

㉒㉞大原麗子

㉓桃井かおり

㉔香川京子

㉖伊藤蘭

㉗㊻松坂慶子

㉘音無美紀子

㉙いしだあゆみ

㉚田中裕子

㉛都はるみ

㉜㊳㊶竹下景子

㉝中原理恵

㉟樋口可南子

㊲志穂美悦子

㊴秋吉久美子

㊵三田佳子

㊷檀ふみ

㊷～㊺㊽後藤久美子

㊸夏木マリ

㊹吉田日出子

㊺風吹ジュン

㊼かたせ梨乃

※丸数字は作品の通巻番号
※複数丸数字があるマドンナは複数回登場していることを示します。
※掲出した女優ほか、満男に恋をするゲスト女優として城山美佳子、牧瀬里穂がいます。

作数	女優	役	作品名	上映年
第１作	光本幸子	御前様の娘	男はつらいよ	1969年
第２作	佐藤オリエ	音楽家／散歩先生の娘	続　男はつらいよ	1969年
第３作	新珠三千代	温泉旅館の女主人	男はつらいよ　フーテンの寅	1970年
第４作	栗原小巻	幼稚園の先生	新　男はつらいよ	1970年
第５作	長山藍子	美容師／豆腐屋の娘	男はつらいよ　望郷篇	1970年
第６作	若尾文子	おばちゃんの遠縁	男はつらいよ　純情篇	1971年
第７作	榊原るみ	元紡績工場勤務	男はつらいよ　奮闘篇	1971年
第８作	池内淳子	喫茶店の女主人	男はつらいよ　寅次郎恋歌	1971年
第９作	吉永小百合	小説家の娘	男はつらいよ　柴又慕情	1972年
第10作	八千草薫	美容院の女主人	男はつらいよ　寅次郎夢枕	1972年
第11作	浅丘ルリ子	旅回りの歌手	男はつらいよ　寅次郎忘れな草	1973年
第12作	岸惠子	画家	男はつらいよ　私の寅さん	1973年
第13作	吉永小百合	図書館勤務	男はつらいよ　寅次郎恋やつれ	1974年
第14作	十朱幸代	看護師	男はつらいよ　寅次郎子守唄	1974年
第15作	浅丘ルリ子	旅回りの歌手	男はつらいよ　寅次郎相合い傘	1975年
第16作	樫山文枝	大学の考古学研究室助手	男はつらいよ　葛飾立志篇	1975年
第17作	太地喜和子	芸者	男はつらいよ　寅次郎夕焼け小焼け	1976年
第18作	京マチ子	満男の先生である雅子の母	男はつらいよ　寅次郎純情詩集	1976年
第19作	真野響子	運送会社の事務員／未亡人	男はつらいよ　寅次郎と殿様	1977年
第20作	藤村志保	土産物店の女主人	男はつらいよ　寅次郎頑張れ！	1977年
第21作	木の実ナナ	松竹歌劇団スター	男はつらいよ　寅次郎わが道をゆく	1978年
第22作	大原麗子	とらやのお手伝い	男はつらいよ　噂の寅次郎	1978年
第23作	桃井かおり	田園調布のお嬢様	男はつらいよ　翔んでる寅次郎	1979年
第24作	香川京子	翻訳家	男はつらいよ　寅次郎春の夢	1979年
第25作	浅丘ルリ子	旅回りの歌手	男はつらいよ　寅次郎ハイビスカスの花	1980年
第26作	伊藤蘭	奥尻島のスルメ工場従業員→学生	男はつらいよ　寅次郎かもめ歌	1980年
第27作	松坂慶子	芸者	男はつらいよ　浪花の恋の寅次郎	1981年
第28作	音無美紀子	テキ屋の女房→旅館の仲居	男はつらいよ　寅次郎紙風船	1981年
第29作	いしだあゆみ	陶芸家のお手伝い	男はつらいよ　寅次郎あじさいの恋	1982年
第30作	田中裕子	デパート店員	男はつらいよ　花も嵐も寅次郎	1982年
第31作	都はるみ	演歌歌手	男はつらいよ　旅と女と寅次郎	1983年
第32作	竹下景子	博の実家の菩提寺の娘	男はつらいよ　口笛を吹く寅次郎	1983年
第33作	中原理恵	理容師	男はつらいよ　夜霧にむせぶ寅次郎	1984年
第34作	大原麗子	主婦	男はつらいよ　寅次郎真実一路	1984年
第35作	樋口可南子	印刷会社の写植オペレーター	男はつらいよ　寅次郎恋愛塾	1985年
第36作	栗原小巻	小学校教師	男はつらいよ　柴又より愛をこめて	1985年
第37作	志穂美悦子	旅館のコンパニオン	男はつらいよ　幸福の青い鳥	1986年
第38作	竹下景子	獣医師の娘	男はつらいよ　知床慕情	1987年
第39作	秋吉久美子	化粧品の美容部員	男はつらいよ　寅次郎物語	1987年
第40作	三田佳子	女医	男はつらいよ　寅次郎サラダ記念日	1988年
第41作	竹下景子	ウィーンの観光ガイド	男はつらいよ　寅次郎心の旅路	1989年
第42作	檀ふみ／後藤久美子	主婦／満男の恋人	男はつらいよ　ぼくの伯父さん	1989年
第43作	夏木マリ／後藤久美子	泉の母・クラブのチーママ／満男の恋人	男はつらいよ　寅次郎の休日	1990年
第44作	吉田日出子／後藤久美子	料亭の女主人／満男の恋人	男はつらいよ　寅次郎の告白	1991年
第45作	風吹ジュン／後藤久美子	理髪店の女主人／満男の恋人	男はつらいよ　寅次郎の青春	1992年
第46作	松坂慶子	料理店経営	男はつらいよ　寅次郎の縁談	1993年
第47作	かたせ梨乃	写真が趣味の主婦	男はつらいよ　拝啓車寅次郎様	1994年
第48作	浅丘ルリ子／後藤久美子	旅回りの歌手／満男の恋人	男はつらいよ　寅次郎紅の花	1995年
第49作	浅丘ルリ子	旅回りの歌手	男はつらいよ　寅次郎ハイビスカスの花 特別篇	1997年

※第49作までの一覧です。

寅さんを

愛したマドンナ

マドンナと再会すると、身も心も舞い上がり、言動・行動はトンチンカンになる。しかし、悩みを打ち明けられると、か弱き女性に手を差し伸べる頼もしい男に変身する。

千代《ちよ》が寅さんに愛を告白したのは、藤まつりで知られる亀戸天神《かめいどてんじん》の境内。場所は池にかかる太鼓橋の近くであった。

◉告白されると思わずタジタジに

寅さんはお世辞にも美男とはいえず、言葉遣いは粗野《そや》（特に初期作品）。教養も生活力もない。商売はテキ屋（香具師《やし》）で、糸の切れた凧《たこ》のような生活をしている。そんな男に惚《ほ》れる女性がいるとは思えないが、なぜかいるのである。彼女らは寅さんのやさしさや不思議な包容力に惚れてしまうのだ。

その筆頭は、第10作「寅次郎夢枕」（1972年）の千代《ちよ》（マドンナの八《や》千草薫《ちぐさかおる》）である。寅さんの幼なじみで、離婚して柴又《しばまた》に戻っていた時に、寅さんと再会。千代が離婚したと知って、寅さんが熱を上げたことはいうまでもない。東大助教授・岡倉《おかくら》（米倉斉加年《よねくらまさかね》）が千代にぞっこんと知っても平気の平左《へいざ》。千代が野暮ったい岡倉を好きになるはずがないとタカをくくって、恋のキューピッド役を演じる。

岡倉の思いを千代に伝えたのは、亀《かめ》戸天神《いどてんじん》（東京都江東区）である。しかし、千代はこれを寅さんからのプロポーズと勘違い。「ずいぶん乱暴なプロポーズね、寅ちゃん」とはにかむ。千代の言葉の意味に気付かない寅さんは、「じゃ、いいんだな。あいつ、うれしがって気が狂っちゃうんじゃねえのか」。これには、千代が慌てた。「あいつって、誰のこと？」と問う千代に寅さんのほうが驚いた。さらに「寅ちゃんとなら一緒に暮らしてもいいって、今ふっと、そう思ったんだけど……」と聞かされ

寅ちゃんとなら一緒に暮らしてもいいって、今ふっと、そう思ったんだけど……（千代）

二人は幼なじみ。何十年ぶりかで再会して、お千代《ちよ》坊・寅ちゃんと呼び合ううちにお互いの心に恋心が芽生えていった。千代は美容院を営む経営者である。

て、目を白黒。千代に惚れているとはいえ、面と向かって告白されると、タジタジになってしまうのが寅さん。観客はやきもきするばかりである。

第27作「浪花《なにわ》の恋の寅次郎」（1981年）に登場する芸者・ふみ（マドンナの松坂慶子《まつざかけいこ》）の場合は、少々艶《なま》めかしい。音信不通だった弟が死んだことを知って、意気消沈するふみを慰める寅さん。すると、ふみはいつしか、寅さんに心を寄せるようになり（愛かどうかは意見が分かれる）、酔いにまかせて寅さんが投宿する部屋に押しかけた。「寅さん、泣いていい？」とその膝に顔を埋《うず》めるように泣く姿が、色っぽい。あげく「寅さん、お願い。うち眠い。今夜、ここに泊めて」とまで言い放ち、寅さんが頷《うなず》くや安心して寝息を立て始めるのである。

ところが、寅さんはといえば、ふみ

柴又駅で朋子《ともこ》に“告白”される寅さん。ここでも、思いとは裏腹な行動に出てしまう。

かがりとのデートの待ち合わせ場所は、鎌倉のあじさい寺(成就院)。かがりは寅さんを見て、屈託《くったく》ない表情で微笑んだ。

を寝かせた後、別の部屋へ。翌朝、寅さんの姿が見えないことを知ったふみは落胆。「これからどうして生きていくか、一人で考えていきます。寅さん、お幸せに。さようなら」と置き手紙をして出て行ってしまった。一歩前に踏み出せば成就したはずの恋を、ここでもまた台なしにしてしまうのである。

◉「据え膳」は食わない寅さん

また、第29作「寅次郎あじさいの恋」（1982年）のかがり（マドンナのいしだあゆみ）の場合。寅さんが宿を借りた京都の陶芸家の家で働くお手伝いのかがりが、陶芸家の弟子にフラれて丹後《たんご》の実家へ戻ることに。それを慰めようと寅さんが丹後へと向かうことから、ラブストーリーが始まる。かがりの実家で一夜を過ごす寅さん。すると、階段を上って寅さんの寝床にかがりが忍び足で近づいてくる。明らかに同衾《どうきん》の意図がうかがえるが、ここではかがりが激情を抑えて一歩踏み出さずに終わり、愛が成就することはなかった。再びかがりが寅さんをデートに誘って、鎌倉のあじさい寺に向かったが、寅さんは弱気になって甥《おい》の満男《みつお》を連れて行く始末。明らかに逃げ腰である。

第32作「口笛を吹く寅次郎」（1983年）に登場する朋子《ともこ》（マドンナの竹下景子《たけしたけいこ》）の場合も同様。博《ひろし》の実家の菩提寺《ぼだいじ》で坊さんになりすます寅さん。出戻り娘の朋子にぞっこんだからである。やがて朋子も寅さんに心を寄せるが、朋子の父の何げない一言で、寅さんのほうが身を引いてしまった。

のちに「とらや」を訪ねてくる朋子の目的は、寅さんに愛の確認をすることだった。京成柴又《けいせいしばまた》駅のホームで、寅さんの袖《そで》を引いて、本心を聞き出そうとする朋子。「父がね、突然、お前今

ふみの愛

「泣いていい?」ふみは膝上に泣き崩れ、「お願い。今夜、ここに泊めて……」

苦労を重ねてきたふみは、寅さんにすっかり心を許し、酔った勢いで寅さんの膝枕で眠ってしまった。寅さんは介抱するが、寝てしまうと、別の部屋に(上)。やがてふみがサプライズで「とらや」を訪ねてきた。びっくりする寅さんにふみは「うち、結婚するんです」。一瞬固まる寅さんだったが、すぐに気持ちよくふみを祝福した(左)。松坂慶子《まつざかけいこ》は第46作「寅次郎の縁談」(1993年)の葉子《ようこ》役でも寅さんに惚《ほ》れている。

度結婚するならどんな人がええかって聞いたの。それでね、私……」ともじもじ。これに対し、「寅さんみたいな人って、言っちゃったんでしょ。和尚《おしょう》さん、笑っちゃっただろ。俺だって笑っちゃうよ、アハハハ」とおちゃらける寅さん。またもや、本心とは裏腹な言葉を吐いてしまう。思いを受け止めることのできないもどかしさに、多くの人が、ため息をついたに違いない。

ここで忘れてはならないのが、4回の最多登場したリリーだが、「惚《ほ》れ方」が少し異なるので後段で詳述したい。さらに、第38作「知床慕情」(1987年)のりん子《こ》(マドンナの竹下景子)、第44作「寅次郎の告白」(1991年)の聖子《せいこ》(マドンナの吉田日出子《よしだひでこ》)や第45作「寅次郎の青春」(1992年)の蝶子《ちょうこ》(風吹《ふぶき》ジュン)も寅さんに惚れたマドンナである。

花子の尊敬

寅さんを 尊敬したマドンナ

義理と人情に篤《あつ》い寅さんは、お年寄りや弱者にめっぽう弱い。特に薄幸そうな美しい女性やかわいい人に出会うと、それだけで「俺が幸せにしてやるぜ」と思ってしまうのだ。

◉惹《ひ》かれるのはひたむきに生きる女性

マドンナの中には、寅さんを保護者的な感覚で信頼する女性が少なくない。見返りを求めずに無心で手を差し伸べようとする、寅さんのピュアな心に打たれ、甘えてしまうのだ。

例えば第7作「奮闘篇」（1971年）に登場する花子《はなこ》（マドンナの榊原《さかきばら》るみ）である。花子は西《にし》津《つ》軽《がる》郡《ぐん》鰺《あじ》ヶ《が》沢《さわ》出身で知的障害がある少女。沼津駅近くのラーメン屋で出会った。その時、「東京でもって迷子になったら、葛飾《かつしか》の、柴《しば》又《また》の、〈とらや〉ってだんご屋を訪ねていきな」と寅さんに声をかけられ、心細い花子は「とらや」にやってきた。すると、寅さんはすぐに保護者ぶりを発揮。花子のために東《とう》奔《ほん》西《せい》走《そう》した。

すると、花子は寅さんを頼りきり、困ったことに「わたす、寅ちゃんの嫁っこになるかな」と言い出した。これ

穢《けが》れのない瞳で寅さんを見つめ「寅ちゃんの嫁っこになるかな」

花子の尊敬

第7作「奮闘篇」(1971年)。ラーメン屋で出会った後、沼津駅の交番に保護されている花子《はなこ》を見つけた寅さん。のちに花子が柴又を訪ねてくると、寅さんは花子をまるで我が子のように引き回している(上)。普通なら迷惑な話だが、花子の目を見れば、純粋無垢《じゅんすいむく》な娘が寅さんのことをすっかり信頼し、尊敬していることがわかる。

第13作「寅次郎恋やつれ」(1974年)。寅さんは津和野《つわの》で、図書館に勤務する歌子《うたこ》に再会する。歌子は結婚した亭主を亡くし、傷心の日々を送っていたのである。

には寅さんの方もタジタジになるが、けっして悪い気はせず、花子との未来を夢見るようになる。しかし、突然、淡い恋物語に幕が引かれた。故郷の施設の福士《ふくし》先生（田中邦衛《たなかくにえ》）が花子を引き取りにきて青森に連れて帰ったのである。

また、第9作「柴又慕情」（1972年）、第13作「寅次郎恋やつれ」（1974年）に登場する歌子《うたこ》（吉永《よしなが》小百合《さゆり》）も、寅さんを深く信頼したマドンナの一人だ。第9作で父親の反対を押し切って、陶芸家と結婚した歌子は、第13作では、夫と死別した未亡人として再登場する。

第9作で寅さんは、儚《はかな》そうな歌子に恋心を抱いていた。ただし、第13作ではそれをゴリ押しするのではなく、不幸な境涯《きょうがい》に手を差し伸べるにとどめ、ひたむきに生きようとする歌子を支え

第９作「柴又慕情」（1972年）。「とらや」に泊まった歌子《うたこ》は翌朝、寅さんと源公《げんこう》と一緒に江戸川に散歩に出かけた。土手で騒ぐ３人の笑い声が夏空に吸い込まれていった。

た。その思いは歌子にも伝わって、寅さんに信頼を寄せるのである。ただし、いつまでもそっと側《そば》にいたいと願う寅さんの思いとは裏腹に、自立を目指す歌子は伊豆大島へ移住してしまった。

◉親代わりとなって世話を焼く寅さん

寅さんは第26作「寅次郎かもめ歌」（1980年）に登場するすみれ（マドンナの伊藤蘭《いとうらん》）に対しても強烈な父性愛を発揮する。すみれはテキ屋（香具師《やし》）仲間のシッピンの常《つね》こと、水島常吉《みずしまつねきち》の娘だ。死んだ常吉の墓に線香の一本でも手向《たむ》けようと、北海道の奥尻島《おくしり》へ渡りすみれと出会った。

話を聞くと、すみれの夢は東京へ出ることで、寅さんはそれを後押ししようと一緒に柴又《しばまた》へ帰る。そして働きながら定時制高校に通えるよう、一肌脱ぐのである。親代わりとなってすみれの世話を焼く寅さんと、それに応えよ

甘えることのできなかった父親の面影を寅さんに重ね合わせた

第26作「寅次郎かもめ歌」(1980年)。すみれ(マドンナの伊藤蘭《いとうらん》)は東京の定時制高校に入学。仲間たちと真剣に授業を受けた。様子が心配になった寅さんは、教室に忍び込み失笑を買った。教師役は2代・おいちゃんの松村達雄《まつむらたつお》である。

すみれの尊敬

うとするすみれ。今回は恋心というよりも、子を見守る父親のような慈愛《じあい》に満ちた気持ちであるが、親心の中にも密《ひそ》かな恋心は芽生えている。寅さん自身、それに気がつくことはなかったが、男友達が現れ、朝帰りするようになると怒りが爆発。結婚の約束までしたという報告に愕然《がくぜん》とする。

しかし、ここでも寅さんは〝父親〟であった。「寅さん、怒らないで。お願い」と懇願《こんがん》するすみれの肩にやさしく手を置く寅さん。「幸せになれるのか?」「うん、きっとなる」「もし、そうじゃなかったら、俺、承知しねえぞ。いいな」。このやりとりはすでに父親そのものである。すみれもおそらく、甘えることのできなかった父親の面影を寅さんに重ねたに違いない。そして寅さんへの恩を自分が幸せになることで返していく決意を固めるのである。

リリーの共感

寅さんに 共感したマドンナ

リリーと寅さんは長い間、お互いの気持ちを温め合ってきた。出会いと別れを繰り返し、そのたびに距離は近くなっていくが、旅暮らしの二人には、どうしても越えられない一線があった。

第11作「寅次郎忘れな草」（1973年）。二人は網走《あばしり》の港で出会った。写真はお互いの境涯《きょうがい》を漁港で語り合う、シリーズ中屈指の名シーン。

◉共感が連帯感に変わりやがて愛へ

寅さんが恋したマドンナの多くは、背伸びしても届かない憧れの人……というケースが多い。それでも、中には、寅さんとよく似た境遇ゆえに、寅さんのことをよく理解し、共感してくれた女性も少なからずいた。この場合は、単なる「憧れの女性」とは異なり、二人の間には濃密な空気が流れた。

並み居るマドンナの中でも、寅さんのことを最もよく理解していたのは、第11作「寅次郎忘れな草」（1973年）、第15作「寅次郎相合い傘」（1975年）、第25作「寅次郎ハイビスカスの花」（1980年）、第48作「寅次郎紅《くれない》の花」（1995年）の都合4作に登場したリリー（マドンナの浅丘《あさおか》ルリ子《こ》）だろう。本名は松岡清子《まつおかせいこ》。売れないキャバレー歌手である。ちなみに同じ役名で複数回登場するのは、吉永小百合の歌子《うたこ》とリリーだけである。

二人は網走《あばしり》の港で意気投合。会話には出会いから「共感」が感じられた。

「ね、私たちみたいな生活ってさ、普通の人とは違うのよね。（中略）あってもなくても、どうでもいいみたいな。つまりさ、あぶくみたいなものだね」

これに寅さんは、「うん、あぶくだよ。それも上等なあぶくじゃねえな。風呂の中でこいた屁《へ》じゃねえけど、背中のほうへまわってパチンだ」

ほとんど天涯孤独に近いリリーと渡《と》世人《せいにん》で妻もない寅さんは、ともに旅烏《たびがらす》。

リリーさんみたいな人がね、お兄ちゃんの奥さんになってくれたら……（さくら）

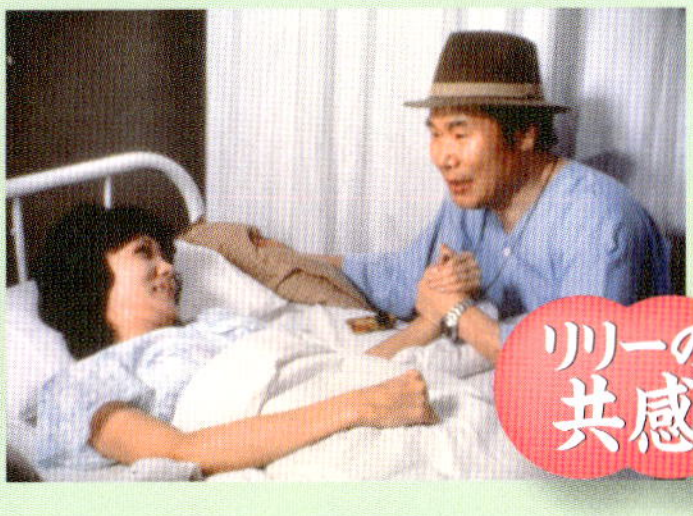

第25作「寅次郎ハイビスカスの花」(1980年)。病院で静養したリリー（下）は、沖縄県本部《もとぶ》町の瀬底《せそこ》島(左)で寅さんと共同生活を始めた。二人の間にはゆったりとした時間が流れたが、互いの気持ちとは裏腹に今回も切ない別れが待っていた(上)。

この共通点が連帯感に変わり、残る3作を通じて、愛を育んでいくのである。

初回の第11作は同志のまま喧嘩《けんか》別れで関係は終焉《しゅうえん》。次作の第15作あたりから、男女の意識が芽生え始める。ただ、そのやりとりは、半ば喧嘩腰《けんかごし》だ。函館《はこだて》で再会した後、家出したサラリーマンとの3人旅の場面。小樽《おたる》港でのやりとりが興味深い。寅さんが「女の幸せは男しだいだって言うんじゃないのか？」と言うと、「あんたがたがそんな風に思ってるんだとしたら、それは男の思い上がりってもんだよ」と憤慨するリリー。似た者同士だけに、ぶつかることも多いが、喧嘩してもすぐに仲直り。それがこの二人の長く付き合える秘訣《ひけつ》なのかもしれない。

「とらや」の茶の間で、「リリーさんみたいな人がね、お兄ちゃんの奥さんになってくれたらどんなに素敵だろう

リリーの共感

第48作「寅次郎紅《くれない》の花」(1995年)。加計呂麻《かけろま》島で同棲《どうせい》生活をする寅さんとリリー。満男《みつお》を加えて話の輪が広がる(右)。やがて泉《いずみ》が島を訪れ、諸鈍《しょどん》の徳浜で満男が泉に愛を告白。近くには波と戯れる様子を温かく見守る寅さんとリリーがいた(上・左)。

なって」と言うさくらの一言に「いいわよ、私のような女でよかったら」とリリー。真意は測り得ないが、耳にした寅さんは、またもや本心とは裏腹に、笑いでごまかして終わる。

3回目の登場となる第25作では、寅さんが、病に倒れたリリーを沖縄で看病し、癒えると二人で本部《もとぶ》町の瀬底《せそこ》島で下宿生活を始める。離れで繰り広げられる会話に注目したい。

「男に食わしてもらうなんて、私、まっぴら」と言うリリーに、「水くさいこと言うなよ。おまえと俺の仲だろ」と寅さん。リリーは「でも夫婦じゃないだろ」と切り返し、「私とあんたが夫婦なら別よ。でも違うでしょ」と畳み掛けられてしまう。「あんた、女の気持ちなんてわかんないのね」と、涙を浮かべながら自分の気持ちを伝えるが、寅さんはアクションを起こさない。

幸せや、とっても幸せ。私、生まれて初めてや。男の人のあんな気持ち知ったん(ぼたん)

第17作「寅次郎夕焼け小焼け」(1976年)のぼたん(マドンナの太地喜和子《たいちきわこ》)。気っぷ、物言い、性格などが寅さんとそっくり。似合いの二人である。

第48作「寅次郎紅《くれない》の花」(1995年)で、満男《みつお》が泉《いずみ》に愛の告白をしたシーンのロケ地・加計呂麻《かけろま》島諸《しょ》鈍《どん》の徳浜《とくはま》に建つ「男はつらいよ 寅次郎紅の花 ロケ記念地」碑。

一線を越えようとしない寅さんへのもどかしさに、リリーばかりか見ているほうまで苛立《いらだ》ってしまう。最後の登場となった第48作で放ったリリーの「カッコなんて悪くったっていいから、男の気持ちをちゃんと伝えてほしいんだよ、女は……」には、もはやあきらめの境地さえ感じ取ってしまう。

◉人生の苦汁をなめた二人の共感

第17作「寅次郎夕焼け小焼け」(1976年)に登場するぼたん(マドンナの太地喜和子《たいちきわこ》)もリリーと似ている。気っぷのいい龍野《たつの》芸者で、豪快さ、威勢の良さは天下一品である。寅さんが気軽に「所帯持とう」なんて言えるほど息が合うのだ。悪徳商人に騙《だま》し取られた200万円を返してもらいに東京へと出向いてきたぼたんに、寅さんは命をかけてでも取り返してやろうと努力する。

しかし、寅さんの太刀《たち》打ちできるような相手ではなく、この時ばかりは己の無能さにうなだれるばかりであった。それでも、ぼたんの思いは違った。自分のために苦闘する寅さんに、お金では買えない熱い思いを感じ取った。

「私、幸せや、とっても幸せ。もう200万円なんかいらん。私、生まれて初めてや。男の人のあんな気持ち知ったん」

芸者と渡世人という、人生の苦汁をなめた二人だからこその気持ちである。このあたりが同じ芸者でも第27作「浪花《なにわ》の恋の寅次郎」(1981年)のふみ(マドンナの松坂慶子《まつざかけいこ》)とは異なるところである。

寅さんが 勘違いしたマドンナ

「縁は異なもの味なもの」といわれるが、寅さんの場合は、いつまでたっても「恋は盲目」のまま終わる。その盲目度が尋常ではないところにシリーズの肝がある。

◉幼なじみとの恋は重い

寅さんは美人に出会うと、すぐに恋に落ちる。マドンナの気持ちなど考えもせず、一方的に思いを募らせる場合が多い。一種の病気である。相手の気持ちを推し量ることができないだけでなく、相手も自分を慕ってくれていると勘違いしてしまうのだ。

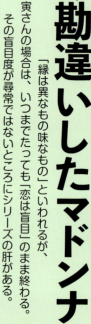

第1作「男はつらいよ」（1969年）に登場する冬子《ふゆこ》（マドンナの光本《みつもと》幸子《さちこ》）の場合が、まさにそれ。題経寺《だいきょうじ》（通称・帝釈天《たいしゃくてん》）の住職・御前様《ごぜんさま》のお嬢さんである。妹さくらのお見合いをめちゃめちゃにして旅に出た寅さんが、旅先の奈良で偶然出会ったのが、御前様と冬子であった。

冬子と寅さんは幼なじみだが、出会ったときはすぐにそれとはわからずに、美人の冬子を見て御前様のお忍びの旅と勘違い。御前様に「バカ、娘

他意のないデートを重ねれば重ねるほど寅さんの勘違い度も深くなっていく

シリーズでは旅先でマドンナと出会い、写真の柴又《しばまた》の町を中心に“恋のから騒ぎ”が巻き起こる。題経寺《だいきょうじ》の参道（上）は、そんなドタバタの“余韻”を求めて、連日多くの観光客が訪れている。

第1作「男はつらいよ」（1969年）のマドンナ・冬子《ふゆこ》と寅さん。寅さんは旅から帰る時、けっして手ぶらでは敷居をまたがない。手土産《てみやげ》はたいていワサビ漬けや漬物などだが、「いつもと変わんないがな」と前置きしながら手渡している。

だ！」と喝され、「ほら、忘れたのか？おまえが出目金《でめきん》とあだ名をつけてよくいじめとった冬子だ」と言われて思い出す。「ははあ、出目金」と寅さんが言うと「寅ちゃんでしょ、ちっとも変わらないおんなじ顔」と冬子。これだけで二人の距離はぐんと縮まり、寅さんの心に灯がともった。

もちろん、一目惚《ひとめぼ》れである。幼なじみだけに、柴又《しばまた》に帰ってからも、冬子は気軽に寅さんとデートを重ねた。冬子に罪はないが、これはいけない。寅さんの想いは募るばかりである。

冬子と江戸川に釣りに行く約束をしていた寅さんが、勇んで冬子のいるお寺へ迎えに行くと、そこには冬子と見知らぬ男がいた。

「ごめんなさい、今日、お約束してたんだわね」とあっけらかんとして答える冬子。「いいえ、いいんです、いいん

のぼせ上がっている寅さんに本当のことは言いづらい

寅さんの
勘違い

第3作「フーテンの寅」(1970年)。湯の山温泉では、頼りがいのある番頭を演じたが(左)、寅さんを従業員としか見ていない志津《しづ》の心はまったく読めていない。自分が志津を支えていると自信満々である(上)。作業中に「志津ちゃん!」と見得《みえ》を切るまねごとまでして、顰蹙《ひんしゅく》を買った。

舞台となった湯の山温泉は、奈良時代初期に発見された古湯である。

です。どうぞ、どうぞ」と言うしかない。で、すごすご帰ろうとして出会った御前様に「ご親戚ですか」と問いかけると、「これから親戚になる男だ。つまり冬子の婿にな」の一言。この失恋の痛みは大きかった。寅さんの心をもてあそぶ結果となった冬子の天真爛漫《てんしんらんまん》さが、無残にも寅さんの心を打ち砕いてしまったのである。幼なじみとの恋は重い。

●すべていいように解釈する盲目ぶり

第3作「フーテンの寅」(1970年)に登場する志津《しづ》(マドンナの新珠《あらたま》三千代《みちよ》)は、温泉宿の美人女将《おかみ》で未亡人。はなから寅さんを一顧《いっこ》だにしていない。それにもかかわらず、この温泉宿の番頭となって、客の送り迎えから、風呂掃除までかいがいしく働く。

実は志津には大学教授の婚約者がいる。志津は寅さんが自分に思いを寄せ

夕子《ゆうこ》はおばちゃんの遠縁という設定で、「とらや」に下宿していた。こんな美人と一つ屋根の下で寝起きすることになったら、寅さんでなくても惚《ほ》れてしまうだろう。

て献身的に働いているのを見ると、「実はね、寅さん、とっても言いにくいことなんですけどね。あのね……」と言いかけるものの、その事実を打ち明けることができない。だが、寅さんはこれを自分への愛の告白だと勘違いし、心は舞い上がる。見るに見かねた旅館の仲間が、事実を打ち明けてようやく自分の一人相撲に気付くのである。

この残酷さは、第6作「純情篇」（1971年）の夕子《ゆうこ》（マドンナの若《わか》尾《お》文《あや》子《こ》）の場合も同様。「ある人（寅さんのこと）がね、その人がね、私にとっても好意を寄せてくださるの。その人はとってもいい人で、私、とてもうれしいんだけど。でもね、私どうしても、その気持ちをお受けするわけには……」と言う体《てい》のいい断りの弁も、勘違いしている寅さんには容易には通じないのである。

「寅さん」もっと知りたい
Fashion
身支度

意外と似合うアロハシャツに袈裟《けさ》姿

寅さんの普段着は超高級品!?

窓枠格子柄《まどわくこうしがら》のダブルの背広（寅さんは洋ランと呼ぶ）に水色のダボシャツを着てラクダ色の腹巻き、というのが寅さんのトレードマーク。首からは題経《だいきょう》寺《じ》（成田山新勝寺《なりたさんしんしょうじ》説などあり）のお守りを提げ、被《かぶ》るのはオシャレなフェルト帽（中折帽《なかおれぼう》と記されることも多い）である。ダボシャツは寅さんばかりでなくテキ屋（香具師《やし》）稼業の定番アイテムだが、これに背広を羽織《はお》るというのが、寅さんならではの粋《いき》な着こなし術。第4作以降に定着した小粋な姿である。

何ごとにも無頓着《むとんちゃく》と見える寅さんだが、この着こなしだけはこだわりが強く、意外なことにどれも手が込んでいる。背広はカシミアを使用した高級品で、裏地にさりげなくあしらった浮世絵が粋。噂によれば1点百万円もする最高級品なのだとか。帽子も特注品である。さらに雪駄《せった》。もともと雪駄とは、かの千《せんの》利休《りきゅう》が濡《ぬ》れた路地を歩くために考案したもので、裏面に防水用の革が貼り付けられているのが特徴。茶人愛用の品とあって、まさに風流を地でいく履物《はきもの》だが、寅さんのものは畳表《たたみおもて》に錦蛇《にしきへび》の鼻緒《はなお》という高級品である。以上が、寅さんお馴染《なじ》みの衣装だが、実はこれ以外にも意外な出で立ちで登場することがある。ここでは、そんな寅さんファッションに注目してみたい。

まずは第1作「男はつらいよ」（1969年）の登場シーンは、ダークスーツに白いワイシャツ姿で、きちんとネクタイまで結んでいる。足元も雪駄ではなく、白と黒のエナメル風の靴である。20年ぶりの帰郷に錦を飾る意味あいがあったのだろうが、ちょっぴり無理をしているような寅さんらしくない格好である。

第3作「フーテンの寅」（1970年）のお見合いのシーンで着こなしていたのが、三つボタンでダークカラーのダブルのスーツ。同作では、寅さんがトレンチコートを羽織る珍しい姿も見ることができる。さらにユニークなのは第4作「新 男はつらいよ」（1970年）。おいちゃん、おばちゃんとともにハワイ旅行を楽しむために新調したのが、真っ白いジャケットであった。胸ポケットのところに施された真っ赤な日の丸の刺《し》繍《しゅう》が印象的で、下にはアロハシャツを着ている（旅行は幻に終わった）。

第5作「望郷篇」（1970年）でも浦安の豆腐屋（マドンナの実家）で、夕食時にアロハシャツを着ていた（下）。同作ではわざわざ労働者風を装おうと、博《ひろし》から借りたジーンズと帽子を被り、朝日印刷で働いたりもしている。

オーバーオールの牧童姿も披露

第7作「奮闘篇」（1971年）では、サングラスと付け髭《ひげ》で変装して帰ってくるというおかしさ。その他、第11作「寅次郎忘れな草」（1973年）のオーバーオールに麦わら帽の牧童スタイルや、第16作「葛飾立志篇」（1975年）のメガネ姿、第32作「口笛を吹く寅次郎」（1983年）の袈裟《けさ》姿（下）など、寅さんならではのお茶目な出で立ちに注目してみると面白い。

シリーズで数回登場するアロハ姿（右）と袈裟《け》姿（左）。坊さんのまね事は天下一品である。

「男はつらいよ」全作品ガイド

第6章

資料編

第１作から
順に観《み》なくても
大丈夫

ハイライト
だけ観《み》ても
OK

寅さんを観《み》るのにルールはいらない！

好きな
マドンナや
ゲストが出てる
作品から
観《み》よう!

「男はつらいよ」って古い映画でしょ、つまらなそう。50作もあるなんて、何から観ていいかわからない！　ヤクザが主人公の映画？　ファンは年配の方だけでしょ？

寅さんの世界を知らない人は、誰でもこんな疑問を抱くが、すべて的外《まとはず》れ。確かに制作された年代は昭和40年代から平成初期までだが、「家族」「愛」「友情」といった普遍的なテーマが貫かれているため、まったく色あせない。むしろ都市部を中心に核家族化が進み、地域コミュニティーも名ばかりのものになっている現在、人間同士が裸で付き合える豊かな世界を描いた貴重な「記録」といえる。

全50作、同じキャスティングで物語が構築されるとなれば、これは一種の大河ドラマ、サーガだ。最初から順番に観ていかないとわからないのでは？　こう懸念するのも当然である。しかし、リリー（マドンナの浅丘《あさおか》ルリ子《こ》／11作、15作、25作、48作、49作、50作）、歌子《うたこ》（マドンナの吉永小百合《よしながさゆり》／9作、13作）以外は、一話、一話がほぼ独立した話で、ストーリー展開に「お約束」（008・015頁参照）がある。よって何作目からでも存分に楽しめる。どちらかといえば、初期作から観たほうがベターだが、評価の高い作品から観てもいいし、贔屓《ひいき》のマドンナや役者が出演している作品からでもいい。出会いや別れ、お茶の間シーンなど、ハイライトだけを部分鑑賞してもかまわない。寅さんを観るのにルールはいらないのである。

「男はつらいよ」の世界に共感し始めると、例外なく観るのが止まらなくなる。公開された最新作の第50作を加えれば、全部で90時間近い長大作品となるので、そう簡単には観きれないが、熱心なファンともなれば、同じ作品を5回も10回も繰り返して鑑賞している。なぜか？ それは渥美清《あつみきよし》という不世出《ふせいしゅつ》の役者の一挙手一投足《いっきょしゅいっとうそく》と、誰にもまねできない話術や顔芸の虜《とりこ》になってしまうからだ。こうなると、物語を楽しむというよりも渥美清を楽しむという感覚である。

寅さんの世界があなたの第二の故郷になる

さらにいえば、葛飾柴又《かつしかしばまた》の参道が自分の第二の故郷《ふるさと》のようになってしまうのである。オープニングタイトルが流れ、参道の「くるまや」店内が映し出されると、遠く離れた実家に帰省したような不思議な感覚だ。こうなれば、おいちゃんやおばちゃん、さくらや店の従業員は自分の「家族」。物語に没入できないわけがない。

寅さんフリークの輪を広げれば感動が増す

寅さん好きにとって楽しいのは、同好の士との寅さん談義である。笑いの壺《つぼ》はそれぞれ微妙に異なり、個々に思い入れのあるシーンがあるため、話していると新たな発見が出てくる。ネットでも熱心なファンが、作品を深く掘り下げたHPを公開しているので、参加してコミュニティーの輪を広げるのもいい。

「男はつらいよ」は映画配信サービスやテレビ放送、DVDなどで鑑賞できるが、ぜひとも４Ｋでデジタルリマスターしたブルーレイで観てほしい。これは「男はつらいよ」誕生50周年を記念して発売されたもので、松竹映像センターが誇る最新技術で補整されている。美しい映像は公開時に映画館で観た時の感動を呼び起こしてくれるだろう。

1

男はつらいよ

あらすじ 東京は柴又《しばまた》のだんご屋に人騒がせな男が帰ってきた。20年前、父親に血の出るほど殴られて家出していた車寅次郎《くるまとらじろう》だ。旅暮らしのテキ屋稼業のフーテン男。すでに両親とも亡くなり、店はおいちゃん、おばちゃんが切り盛りしている。腹違いの妹・さくらも娘ざかりだ。

家でもっともらしい挨拶を披露したものの、たちまち馬脚をあらわす寅さん。さくらの見合い話をぶち壊してしまったのだ。だが、さくらはめでたく結婚する運びに。「とらや」の裏にある印刷工場で働く諏訪博《すわひろし》がさくらに恋焦がれているのを知った寅さんが、仲を取り持ったのだった。しかし、おのれの、御前様《ごぜんさま》の娘・冬子《ふゆこ》（マドンナの光本幸子《みつもとさちこ》）への恋は惨敗に終わった。

見どころ 柴又《しばまた》の町を背景に「桜が咲いております。懐かしい葛飾《かつしか》の桜が今年も咲いております……」のナレーション。江戸川堤に寅さん登場、祭りの風景、家族との再会。心に残る印象的なオープニングである。

●封切り日　1969（昭和44）年8月27日
●上映時間　91分
●マドンナ　光本幸子
●ゲスト　志村喬、津坂匡章（現・秋野太作）
●主なロケ地　奈良県奈良市、京都府天橋立

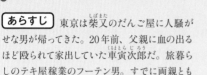

男はつらいよ 3 フーテンの寅

あらすじ 柴又《しばまた》に戻った寅さんに、見合い話が舞い込む。相手は料亭の仲居（春川《はるかわ》ますみ）。ところが会ってみると相手は寅さんの知り合いで、別居中の夫の子を宿していたから大騒動となり、寅さんは旅に出る。

しばらくして、おいちゃん夫婦が三重県の湯の山温泉へ骨休めに行くと、番頭として顔を出したのが寅さんだったので、びっくり仰天。旅館の女将《おかみ》・志津《しづ》（マドンナの新珠三千代《あらたまみちよ》）に惚《ほ》れて番頭になったという。志津のためとばかり、獅子奮迅《ししふんじん》のはたらきを示す寅さん。

さらに志津の弟（河原崎建三《かわらさきけんぞう》）と芸者の染奴《そめやっこ》（香山美子《かやまよしこ》）が恋仲と知って仲立ちする。だが、志津には意中の人がいて、寅さんの恋はあえない結末に。傷心の寅さんは「亭主持つなら堅気をお持ち……」と歌いつつ去る。

見どころ 本作は、喜劇映画に定評ある森《もり》崎東《さきあずま》が監督。寅さんの出で立ちがほかの作品とまるで違う。本作でぶった寅さんのインテリ論が、東京大学の入試問題になった。

- ●封切り日　1970（昭和45）年1月15日
- ●上映時間　89分
- ●マドンナ　新珠三千代
- ●ゲスト　香山美子、河原崎建三、花沢徳衛
- ●主なロケ地　三重県湯の山温泉

2 続 男はつらいよ

あらすじ 旅に出ようとした寅さんは、学生時代の恩師・散歩《さんぽ》先生（東野英治郎《とうのえいじろう》）と、その娘・夏子《なつこ》（マドンナの佐藤《さとう》オリエ）と再会。先生の家で酒盛り中、胃けいれんを起こして入院。しかし、病院を脱走し、はからずも無銭飲食のカドで警察沙汰《ざた》を起こす。恥じた彼は、旅に出る。

京都で観光中の散歩親娘と出会い、先生の勧めで実母・菊《きく》（ミヤコ蝶々《ちょうちょう》）に会いに行く。生き別れた母との再会に胸躍らせた寅さんだが、ラブホテルを経営している菊から「金の無心か」と悪態をつかれ、大喧嘩《おおげんか》となる。

柴又《しばまた》に舞い戻った寅さんを待っていたのは、病に倒れた散歩先生だった。病床の先生のために、江戸川でウナギを釣るなど奮闘努力する寅さんだったが……。

見どころ 東野英治郎と佐藤オリエは、テレビ版「男はつらいよ」のメインキャスト。のち、定番となる冒頭の夢のシーンがこの作品で初めて登場する。

- ●封切り日　1969（昭和44）年11月15日
- ●上映時間　93分
- ●マドンナ　佐藤オリエ
- ●ゲスト　東野英治郎、ミヤコ蝶々、山崎努
- ●主なロケ地　京都府京都市

4 新 男はつらいよ

あらすじ 名古屋競馬で大穴を当ててタクシーで凱旋《がいせん》した寅さん。気が大きくなって、おいちゃん夫婦をハワイに連れて行くことにした。だが、旅行会社の社長に金を持ち逃げされてしまう。近所の手前、外聞が悪いと、いったんは羽田に行ったものの、旅立ったふりをして「とらや」の店内に潜む。間が悪いことに、そこへ泥棒（財津一郎《ざいついちろう》）が侵入。弱みを握られた寅さんは追い銭を渡して退散願うつもりも、結局は町中の知るところとなる。

居たたまれなくなって旅に出た寅さんが「とらや」に戻ってみると、2階には幼稚園の春子《はるこ》先生（マドンナの栗原小巻《くりはらこまき》）が下宿していた。たちまち熱を上げた寅さんは、春子が勤める幼稚園に通いつめ、園児とお遊戯に興じる。が、彼の恋はまたも成就《じょうじゅ》しないのであった。

見どころ すっかり園児気分になった寅さんが「春が来た」を歌いながら「とらや」に帰ってくる際の、おいちゃんの反応が爆笑もの。テレビ版の演出家・小林俊一《こばやししゅんいち》が監督した作品。

- 封切り日　1970（昭和45）年2月27日
- 上映時間　92分
- マドンナ　栗原小巻
- ゲスト　横内正、三島雅夫、財津一郎
- 主なロケ地　愛知県名古屋市、羽田空港

男はつらいよ

5 望郷篇

あらすじ かつて世話になった北海道の正《まさ》吉《きち》親分（木田三千雄《きだみちお》）が危篤と聞かされた寅さんは、舎弟《しゃてい》の登《のぼる》とともに渡道する。親分は苦しい息の下で、ほったらかしていた息子（松山省《まつやませい》二《じ》＝現・政路）に会いたいと懇願。寅さんはこのことを息子に伝えようと、小樽の機関区に行くものの、すげなく拒否されてしまった。浮き草稼業のむなしさを痛感した寅さんは、柴又に戻って堅気の道を志す。

だが、就職口をことごとく断られ、ヤケになって江戸川の川船でフテ寝すると、その船が流され河口の浦安へ。浦安の豆腐屋に住み込んだ彼は、そこのひとり娘・節子《せつこ》（マドンナの長山《ながやま》藍子《あいこ》）に一目惚《ひとめぼ》れ。ひょっとしたらとの淡い期待にそそのかされて、油まみれになって働くが、ここでも彼は愛の女神に見放された。

見どころ 寅さんの人となりのすべてがわかる作品。惚《ほ》れっぽい性格で、人情味にあふれ、自分の利益など二の次のお人好し。早合点しやすい寅さんは、本当に愛すべき人なのである。

- 封切り日　1970（昭和45）年8月26日
- 上映時間　88分
- マドンナ　長山藍子
- ゲスト　井川比佐志、松山省二、杉山とく子
- 主なロケ地　北海道札幌市・小樽市、千葉県浦安町（現・浦安市）

男はつらいよ 7 奮闘篇

あらすじ　生みの親の菊《きく》（ミヤコ蝶々《ちょうちょう》）が柴又《しばまた》にやってきた。あいにく寅さんは旅の空。菊は「帝国ホテルに宿泊していると寅に伝えてくれ」と言い残して去る。数時間遅れで寅さんは「とらや」に帰るが、母親とは会いたくないと意地を張る。さくらの説得で会ったものの、結婚話で親子喧嘩《げんか》となり、再び旅へ。

寅さんは、沼津市のラーメン屋で少女と知り合う。青森県から出てきた花子《はなこ》（マドンナの榊《さかき》原《ばら》るみ）だった。同情した彼は、迷子札代わりに「とらや」の住所を書いて渡す。

柴又に戻った寅さんは、「とらや」にいる花子にびっくり。そのうち、花子はすっかり寅さんになついてしまう。だがある日、花子の身元引受人の福士《ふくし》先生（田中邦衛《たなかくにえ》）が訪ねてきて、彼女を青森へと連れ帰ってしまう。

見どころ　寅さんを父親のように思う花子。寅さんも必死でそれに応えようとして、心が「愛」と「慈愛」の間で揺れ動く。突然の別れは悲しいが、希望を感じさせる美しい作品。

- ●封切り日　1971（昭和46）年4月28日
- ●上映時間　92分
- ●マドンナ　榊原るみ
- ●ゲスト　田中邦衛、柳家小さん、ミヤコ蝶々
- ●主なロケ地　静岡県沼津市、青森県鰺ヶ沢町

男はつらいよ 6 純情篇

あらすじ　長崎の港で赤ん坊連れの女・絹《きぬ》代《よ》（宮本信子《みやもとのぶこ》）にさくらの面影を見た寅さんは、一夜の宿賃を貸す。彼女は疲れた様子だったが、心に一途《いちず》なものを感じさせる芯の強そうな女性だった。五島列島に帰郷する彼女に同行した寅さん。絹代とその父（森繁久彌《もりしげひさや》）の話を聞いているうちに、里心がついて柴又に帰る。

「とらや」では、おばちゃんの遠縁にあたる夕《ゆう》子《こ》（マドンナの若尾文子《わかおあやこ》）が、夫と別居して間借りしていた。自分の部屋が貸されていることに大むくれとなった寅さんだが、相手が和服美人の夕子と知って、態度が豹変《ひょうへん》。旅に出ると息巻いていたのをコロリと忘れ、夕子にまとわりつくのだった。

しかし、小説家である夕子の夫が迎えに来て、寅さんの恋は不発に終わった。

見どころ　渥美清《あつみきよし》が尊敬していた森繁久彌とからむシーンは、忘れがたい名場面。寅さんにとって、夫ある女性との道ならぬ恋はタブー。禁断の恋に苦悩する寅さんが哀れである。

- ●封切り日　1971（昭和46）年1月15日
- ●上映時間　89分
- ●マドンナ　若尾文子
- ●ゲスト　森繁久彌、宮本信子
- ●主なロケ地　長崎県福江島

男はつらいよ

8 寅次郎恋歌

あらすじ 博《ひろし》の母が危篤との報に、さくらと博は岡山の実家へ。だが、母は帰らぬ人となった。その葬式の日、ひょっこり寅さんが現れて、トンチンカンなことばかり仕出かす。

皆が帰った後、気落ちしている博の父・飈一《ひょういち》郎《ろう》（志村喬《しむらたかし》）を心から慰める寅さん。学者として研究一筋に歩んできた飈一郎は、「家族団欒《だんらん》の内にこそ幸福がある」と、無軌道で無遠慮な寅さんの生き方を諭《さと》す。

深く心を動かされた寅さんは、柴又《しばまた》に帰ってその言葉を受け売りするが、舌の根も乾かぬうちに、喫茶店の経営者・貴子《たかこ》（マドンナの池《いけ》内淳子《うちじゅんこ》）にのぼせ上がってしまう。貴子の子供からも慕われ、一家団欒を夢みるが、しょせんは風来坊《ふうらいぼう》。彼女から「一緒に旅ができたら」と告白され、寅さんは身を引くのだった。

見どころ テレビ版からおいちゃんを演じてきた森川信《もりかわしん》の最後の作品。3人が扮《ふん》したおいちゃん役の中で、最も寅さんの縁続きらしい性格を演じきった。

- ●封切り日 1971（昭和46）年12月29日
- ●上映時間 114分（49作中最長）
- ●マドンナ 池内淳子
- ●ゲスト 志村喬、吉田義夫
- ●主なロケ地 岡山県高梁市

男はつらいよ

9 柴又慕情

あらすじ 寅さんが柴又《しばまた》に帰ると、「貸間あり」の札が。自室が貸し出されようとしているのである。怒った寅さんは部屋を探そうと、不動産屋へ。その主人（佐山俊二《さやましゅんじ》）に案内されたのが、あろうことか「とらや」であった。

憤慨した寅さんは金沢へ。そこでOL3人組と道連れになり、北陸路を旅する。3人のうちでは、寂しげな歌子《うたこ》（マドンナの吉永小百合《よしながさゆり》）に心引かれる寅さんだった。ある日、歌子が柴又を訪ねてくる。二人暮らしをしている小説家の父（宮口精二《みやぐちせいじ》）との仲がギクシャクしているという。恋人がいるのだが、あとに残る父が心配で結婚に踏み切れない。歌子は寅さんに相談相手になってほしかったのである。

恋人がいると知った寅さんは、歌子の前から姿を消すのだった。

見どころ 当時、人気絶頂の吉永小百合をマドンナに迎えての作品。本作からおいちゃん役として松村達雄《まつむらたつお》が登場。この年から盆、暮れの年2作公開が定着した。

- ●封切り日 1972（昭和47）年8月5日
- ●上映時間 107分
- ●マドンナ 吉永小百合
- ●ゲスト 宮口精二、佐山俊二
- ●主なロケ地 石川県金沢市、福井県東尋坊

男はつらいよ 10

寅次郎夢枕

あらすじ　「とらや」の2階にインテリが引っ越してきた。東大の岡倉《おかくら》助教授（米倉斉加年《よねくらまさかね》）である。インテリが大嫌いの寅さんだが、御前《ごぜん》様《さま》の頼みとあってはむげにもできない。

そこへ、近くに美容院を店開きした千代《ちよ》（マドンナの八千草薫《やちぐさかおる》）が顔を見せた。寅さんの幼なじみだが、離婚したと聞いて、にわかに張り切り、美容院に押しかけては面倒をみる。

また寅さんの病気かと戦々恐々の「とらや」一家だが、さらなる厄介の種が。岡倉が千代に一目惚《ひとめぼ》れしてしまったのだ。それを察した寅さんは、二人の仲を取り持つことに。亀戸天神《かめいどてんじん》に誘って話を切り出すと、千代は寅さんからのプロポーズと勘違いして喜ぶ。意外な反応に及び腰になった寅さんは、オロオロするばかりであった。

見どころ　名だたる大スターが、ちょい役で出演するのもこのシリーズの魅力。今回は田中《たなか》絹代《きぬよ》が出演。さくらがアパート内で洋裁の内職を始める。

- ●封切り日　1972（昭和47）年12月29日
- ●上映時間　98分
- ●マドンナ　八千草薫
- ●ゲスト　田中絹代、米倉斉加年
- ●主なロケ地　山梨県甲府市、東京都亀戸天神

男はつらいよ 11

寅次郎忘れな草

あらすじ　満男《みつお》のためにピアノが欲しいというさくらの言葉を聞いて、寅さんが奮発したのはおもちゃのそれ。これが発端で一騒動、「とらや」を出る。

寅さんは、網走《あばしり》に向かう夜汽車の中で、ひっそりと涙をぬぐう派手な女性を見かける。翌日、網走の橋で、二人は初めて言葉を交わす。彼女の名はリリー（マドンナの浅丘《あさおか》ルリ子《こ》）。レコードを出したこともあるが、売れないドサ回りの歌手をしているという。自分と同じ浮き草稼業ではないか。

たちまち意気投合し、帰港する漁船を見ながら、互いの身の上を嘆き合う。ここで一念発起した寅さんは、定職に就くべく牧場での労働を志願したが、3日ともたずにダウン。さくらに引き取られて柴又へ。そこへリリーが……。

見どころ　マドンナとしては最多の4回※も登場することになる浅丘ルリ子の初回出演作。網走の港で、二人が語り合う場面は情感たっぷり。観客動員数2位。※「特別篇」を入れると5回。

- ●封切り日　1973（昭和48）年8月4日
- ●上映時間　99分
- ●マドンナ　浅丘ルリ子
- ●ゲスト　織本順吉、毒蝮三太夫
- ●主なロケ地　北海道網走市

男はつらいよ 12
私の寅さん

あらすじ ふらりと柴又《しばまた》に帰ってきた寅さんだが、どうも家族の様子がおかしい。何かを隠している。実は一家揃《そろ》って、九州へ旅行する矢先だったのだ。いったんはムクれた寅さんだったが、さくらに諭《さと》されて、タコ社長と留守番する破目に。

数日後、寅さんは小学校時代の旧友・柳《やなぎ》（前田武彦《まえだたけひこ》）に会う。柳は放送作家として活躍していた。その柳に連れられて、彼の妹で画家の柳《やなぎ》りつ子《こ》（マドンナの岸惠子《きしけいこ》）の家に遊びにゆく。しかし、キャンバスにいたずらをしたのが露顕し、りつ子と大喧嘩《おおげんか》をしてしまう。

翌朝りつ子が「とらや」にわびを言いにやってくる。これがきっかけで二人は急接近し、寅さんは貧乏画家のパトロン気取りに。そこへキザな画商（津川雅彦《つがわまさひこ》）が現れて……。

見どころ 気ままな旅で家族に心配をかけ通しの寅さんが、本作では逆の立場に。九州旅行中の家族の安否を気遣い、毎日電話を寄こすことを強要。観客動員数最多作品。

- ●封切り日　1973（昭和48）年12月26日
- ●上映時間　107分
- ●マドンナ　岸惠子
- ●ゲスト　前田武彦、津川雅彦
- ●主なロケ地　熊本県阿蘇山、大分県別府市

男はつらいよ 13
寅次郎恋やつれ

あらすじ 寅さんが結婚宣言？　意味深な発言に「とらや」一同に緊張が走る。聞けば、相手は温泉津《ゆのつ》温泉で知り合ったちょっと訳ありの女性らしい。絹代《きぬよ》（高田敏江《たかだとしえ》）という焼き物をする人妻で、夫が蒸発中だという。寅さんはかいがいしく世話をするが、柴又《しばまた》で結婚宣言をした後、さくらを温泉津に同道すると、夫が戻ってきていて、話はご破算となる。

傷心の寅さんはトランク片手に旅へ。島根県の津和野《つわの》で第9作の歌子《うたこ》（マドンナの吉永小《よしながさ》百合《ゆり》）に再会する。陶芸家の青年と結婚したのもつかの間、夫は病死していた。

半月後、再出発すべく「とらや」に現れた歌子は、小説家の父（宮口精二《みやぐちせいじ》）と和解し、新たな道を求めて伊豆大島へ。寅さんはやさしく励ますのだった。

見どころ 歌子と父親が和解するシーンは涙、涙、涙の名場面。父親役の宮口精二は、黒澤明《くろさわあきら》監督の作品の常連。凄《すご》みのある風貌だが、小説家の役も似合う。

- ●封切り日　1974（昭和49）年8月3日
- ●上映時間　104分
- ●マドンナ　吉永小百合
- ●ゲスト　宮口精二、高田敏江
- ●主なロケ地　島根県温泉津町（現・大田市）、津和野町

男はつらいよ 14
寅次郎子守唄

あらすじ 博《ひろし》が工場でケガをした。湿りがちな雰囲気の中、寅さんが帰ってきた。博のケガは軽くすんだが、寅さんの無神経な発言から大喧嘩《おおげんか》となり、早々に柴又《しばまた》を去る。

秋も深まった頃、寅さんは九州にいた。呼子《よぶこ》港で出会った男（月亭八方《つきていはっぽう》）から赤ん坊を預けられる。困った彼は柴又へ。帰ったはいいが、赤ん坊が疲れから高熱を発してしまい病院へ担ぎ込む。

そこには美しい看護師・京子《きょうこ》（マドンナの十《と》朱幸代《あけゆきよ》）がいて、ぞっこんとなる寅さん。京子に誘われて参加したコーラスグループの練習でリーダーの弥太郎《やたろう》（上條恒彦《かみじょうつねひこ》）を知る。寅さんと弥太郎は酒を酌み交わして意気投合、弥太郎は京子への思慕を打ち明ける。相愛の二人の応援に回った寅さんは、また旅の空へ。

見どころ 本作から3代目おいちゃんとして下條正巳《しもじょうまさみ》が登場。初代の森川信《もりかわしん》に比べると、はるかに働き者だ。恋の指南役としての寅さんの役回りに注目。

●封切り日　1974（昭和49）年12月28日
●上映時間　104分
●マドンナ　十朱幸代
●ゲスト　上條恒彦、春川ますみ
●主なロケ地　佐賀県唐津市・呼子町（現・唐津市）

男はつらいよ 15
寅次郎相合い傘

あらすじ すし屋の女将《おかみ》におさまったリリー（マドンナの浅丘《あさおか》ルリ子《こ》）は、その後、離婚して再び歌手に戻っていた。寅さんは青森で仕事に疲れた中年男・兵頭《ひょうどう》（船越英二《ふなこしえいじ》）と知り合い、函館に渡る。3人は函館の屋台でバッタリ出会い、愉快に道内を旅して回る。

兵頭の目的の一つは、小樽にいる初恋の人に会うことにあった。兵頭はその女性に会えたが、男女の有り様をめぐって寅さんとリリーが大喧嘩《おおげんか》、3人の旅は終わってしまう。

職場に復帰した兵頭は、メロンを手土産《てみやげ》に「とらや」を訪ね、兵頭が帰った後にリリーも現れる。リリーを囲んで楽しげだった雰囲気は、メロンをめぐって険悪に。さくらは兄とリリーの結婚を望む。リリーにもその気はあるのだが、二人の恋の行方は？

見どころ 第11作で浅丘ルリ子が扮《ふん》したリリーが再び登場。シリーズ中、屈指の傑作と推す人が多いが、メロン騒動の寅さんの態度には賛否両論ある。

●封切り日　1975（昭和50）年8月2日
●上映時間　91分
●マドンナ　浅丘ルリ子
●ゲスト　船越英二、岩崎加根子
●主なロケ地　青森県青森市、北海道函館市・小樽市

男はつらいよ 16

葛飾立志篇

あらすじ 「とらや」を訪ねた女子高生・順《じゅん》子《こ》（桜田淳子《さくらだじゅんこ》）は、寅さんが実父ではと言って、一家をドギマギさせる。そこへ寅さんが帰ってきて、どうにか誤解は解ける。

しかし、さらなる難題が。大学助手で考古学を専攻する礼子《れいこ》（マドンナの樫山文枝《かしやまふみえ》）が、寅さんの部屋を間借りしていた。なにせ瞬間湯沸かし器のような男だ。たちまち礼子に熱を上げ、学問を志す。が、伊達《だて》メガネをかけて、またまた町中の物笑いの種になる。

猛勉強のさなか、礼子の恩師・田所《たどころ》教授（小《こ》林桂樹《ばやしけいじゅ》）が訪ねてくる。寅さんは学者バカで世間知らずなところが気に入って話が弾む。ところが、田所もまた礼子に思いを寄せており、愛の告白をする。ここで少し勘違いした寅さんは身を引くが、結局、田所もフラられてしまう。

見どころ 寅さんは、順子の母の墓参りをする。人騒がせな男だが、人情には篤《あつ》い。テキ屋仲間の墓参も欠かさない。葬式を仕切りたがるのが困りものだが。

- ●封切り日　1975（昭和50）年12月27日
- ●上映時間　99分
- ●マドンナ　樫山文枝
- ●ゲスト　小林桂樹、桜田淳子、大滝秀治
- ●主なロケ地　山形県寒河江市

男はつらいよ 17

寅次郎夕焼け小焼け

あらすじ 寅さんが酒場で知り合い、「とらや」に引っ張り込んだ薄汚い爺《じい》さんは、なんと日本画壇の大家・青観《せいかん》（宇野重吉《うのじゅうきち》）だった。青観がお礼のつもりで描いた絵が高く売れて、寅さんは色めき立つ。

後日、寅さんは旅先の龍野《たつの》で青観と再会し、市長主催の歓迎パーティーに同席。席上、芸者のぼたん（マドンナの太地喜和子《たいちきわこ》）といい雰囲気となり、のんびりとした時間を過ごす。

やがて彼女が「とらや」を訪ねてきた。東京の詐欺師（佐野浅夫《さのあさお》）に騙《だま》し取られた200万円を取り返したいというのだ。タコ社長が乗り出すものの、歯が立たない。青観にも相談したが、こればかりは筋が違う。一筋縄ではいかぬ悪党に、はらわたが煮えくり返る寅さんだが、どうしてやることもできない。

見どころ 佐野浅夫演じる詐欺師は、善人ばかりのこのシリーズに登場するただ一人の悪党。太地喜和子の切れのいい演技もあって、シリーズでも屈指のできばえ。

- ●封切り日　1976（昭和51）年7月24日
- ●上映時間　109分
- ●マドンナ　太地喜和子
- ●ゲスト　宇野重吉、佐野浅夫
- ●主なロケ地　兵庫県龍野市（現・たつの市）

男はつらいよ 18 寅次郎純情詩集

あらすじ 別所温泉で贔屓《ひいき》の旅役者・坂東《ばんどう》鶴八郎《つるはちろう》（吉田義夫《よしだよしお》）に出くわした寅さん。旅館に一座を招いて大盤振舞《おおばんぶるまい》をする。だが結局、無銭飲食で警察のやっかいに。さくらに迎えにきてもらって請け出されるが、留置所を宿屋のように使っていただけで、反省の色は見えない。さくらもこれには愛想をつかしてしまう。

猛反省する寅さんだが、それもつかの間、柴《しば》又《また》に帰ると昔なじみの綾《あや》（マドンナの京《きょう》マチ子《こ》）に出会い、一気にのぼせ上がる。名家の令嬢である綾は、不治の病で余命いくばくもない。娘の雅子《まさこ》（檀《だん》ふみ）はその宣告を受けているが、当人は知らない。

この事態を放っておける寅さんではない。懸命に二人を励ます。しかし、人の運命には定まった軌道が……。

見どころ 吉田義夫といえば、かつての東映時代劇きっての悪役だ。シリーズ冒頭の夢のシーンでも、何度となく寅さんに殺されるが、座長役は無類の好人物。

●封切り日　1976（昭和51）年12月25日
●上映時間　103分
●マドンナ　京マチ子
●ゲスト　檀ふみ、吉田義夫
●主なロケ地　長野県別所温泉

男はつらいよ 19 寅次郎と殿様

あらすじ 寅さんが伊予《いよ》（愛媛県）の大洲《おおず》で出会った爺様《じいさま》（嵐寛壽郎《あらしかんじゅうろう》）は、世が世なら殿様と仰がれる16代当主・藤堂久宗《とうどうひさむね》だった。世間に疎い殿様は、ラムネをご馳走《ちそう》してくれた寅さんを歓待するが、はしっこい執事（三木《みき》のり平《へい》）は邪魔者扱いする。その態度に堪忍袋の緒を切った殿様は、あわや執事を無礼討ちに。「刃傷《にんじょう》松の廊下」を思わせるシーンだ。

殿様は、今は亡き息子の嫁・鞠子《まりこ》（マドンナの真野響子《まやきょうこ》）に会いたいので、寅さんに捜してくれと頼む。安請け合いしたものの、さて困った。名前だけを手掛かりに、広い東京でどう捜したものか。

あれこれあって、上京してきた殿様は鞠子と再会を果たす。殿様はすこぶるご満悦だが、寅さんは恋の病にとりつかれて……。

見どころ 冒頭の夢のシーンは、寅さんによる鞍馬天狗《くらまてんぐ》が主役。鞍馬天狗といえば、嵐寛壽郎の十八番《おはこ》。彼を殿様、三木のり平を執事に配した時点で、本作は半ば成功だった。

●封切り日　1977（昭和52）年8月6日
●上映時間　99分
●マドンナ　真野響子
●ゲスト　嵐寛壽郎、三木のり平
●主なロケ地　愛媛県大洲市

男はつらいよ 20

寅次郎頑張れ！

あらすじ 「とらや」に帰ってきた寅さんは、見知らぬ青年・良介《りょうすけ》（中村雅俊《なかむらまさとし》）に押し売りと間違えられる。しかも、彼が自分の部屋に下宿していると知ってカンカン。

だが、電気工事の仕事（なので、あだ名がワット君）をしている良介は純朴な青年だった。食堂の娘・幸子《さちこ》（大竹《おおたけ》しのぶ）に恋しているのだが、プロポーズに失敗したと思い込み、自殺未遂を起こす。そして郷里の平戸に帰った。心配した寅さんは平戸を訪ねるが、土産《みやげ》物屋を切り盛りしている姉の藤子《ふじこ》（マドンナの藤村志《ふじむらし》保《ほ》）にのぼせ上がり、店に居ついてしまう。

一方、幸子は、良介が好きだった、とさくらに打ち明ける。良介は喜び勇んで、姉とともに柴又へ。だが、それは寅さんが藤子から身を引くきっかけとなった……。

見どころ 良介が試みたガス自殺は、この世との別れにタバコを一服しようとして大爆発を誘発。「とらや」の2階が、ゴーンと吹き飛んでしまった。店始まって以来の大事件である。

- ●封切り日　1977（昭和52）年12月24日
- ●上映時間　95分
- ●マドンナ　藤村志保
- ●ゲスト　中村雅俊、大竹しのぶ
- ●主なロケ地　長崎県平戸市

男はつらいよ 21

寅次郎わが道をゆく

あらすじ 熊本県の田の原温泉を訪れていた寅さんは、失恋男の留吉《とめきち》（武田鉄矢《たけだてつや》）から先生と敬われ、いい気になって旅館に長逗留《ながとうりゅう》。手元不如意《ふにょい》はいつものことだが、財布が底をつき、さくらが迎えにくる。

柴又《しばまた》に帰った寅さんは、殊勝にも店を手伝うのだが、それもほんの一時のことで浅草国際劇場に通いつめる。さくらの同級生で、今はSKDのスター、紅奈々子《くれないななこ》（マドンナの木《き》の実《み》ナナ）がお目当てなのだ。上京してきた留吉も、SKDの踊り子に夢中になり、劇場近くのとんかつ屋に就職する。

奈々子は、照明係の隆《たかし》（竜雷太《りゅうらいた》）と結婚するか、踊り一筋に生きるべきか悩んでいたが、愛を取ることを決断。最後の舞台の客席には、奈々子を見守る寅さんの姿が。

見どころ 「とらや」の面々の、幼い頃の夢が明かされる。おいちゃんは馬賊《ばぞく》、おばちゃんは呉服店のおかみさん、寅さんはテキ屋に憧れた。大願を成就《じょうじゅ》したのは寅さんだけ。

- ●封切り日　1978（昭和53）年8月5日
- ●上映時間　107分
- ●マドンナ　木の実ナナ
- ●ゲスト　武田鉄矢、竜雷太
- ●主なロケ地　熊本県田の原温泉

男はつらいよ 22

噂の寅次郎

あらすじ　大井川で雲水《うんすい》（大滝秀治《おおたきひでじ》）に「女難の相あり」と告げられる寅さん。さっそく、ダムの上で出会った失恋女（泉《いずみ》ピン子《こ》）を慰める破目に。さらに、木曽で博《ひろし》の父・飈一郎《ひょういちろう》（志《し》村喬《むらたかし》）とも再会。人生の儚《はかな》さを説かれて柴又《しばまた》へ。しかし、「とらや」では間の悪いことに、腰痛のおいちゃんを助けるために美人の早苗《さなえ》（マドンナの大原麗子《おおはられいこ》）を雇った矢先だった。

さあ、女難の本番だ。早苗のそばに居たい寅さんは、仮病を使ったばかりに救急車を呼ぶ騒ぎに発展してしまう。相も変わらぬドタバタだ。早苗が離婚間近と知った寅さんは、前後の見境もつかぬほどのぼせる。

そこへ、早苗の従兄弟《いとこ》の添田《そえだ》（室田日出《むろたひで》男《お》）が現れる。実直な彼が恋のライバルとは思わぬ寅さんだったが……。

見どころ　旅暮らしの寅さんは、おびただしい数の橋を渡るが、本作では静岡県島田市の大井川に架かる蓬莱《ほうらい》橋を渡る。世界最長の木造橋で、流れ橋型だ。

- ●封切り日　1978（昭和53）年12月27日
- ●上映時間　104分
- ●マドンナ　大原麗子
- ●ゲスト　志村喬、室田日出男、泉ピン子
- ●主なロケ地　長野県木曽野尻、静岡県大井川

男はつらいよ 23

翔んでる寅次郎

あらすじ　寅さんは北海道の旅の途次、一人旅の娘・ひとみ（マドンナの桃井《ももい》かおり）が旅館のドラ息子（湯原昌幸《ゆはらまさゆき》）の毒牙にかかろうとしているところを救って意気投合。その日は飲み明かした。

ひとみは、ぼんぼん育ちの邦男《くにお》（布施明《ふせあきら》）と婚約しているのだが、今ひとつ気が進まない。結婚式当日、寅さんのことを思い出した彼女は、式場から花嫁姿のまま脱走。「とらや」に駆け込んだから、町内は上を下への大騒動。母親（木暮実千代《こぐれみちよ》）が迎えにくるが応じない。

邦男は、自動車修理工場で働き始める。家を出て、会社も辞め、ひとみの住む町で暮らそうと決断したのだ。邦男の決断に心動かされたひとみは、あらためて結婚を決意。寅さんに仲人を頼むのだった。

見どころ　伊達《だて》の薄着の寅さんは寒さが苦手。で、冬は南国、夏は北国のパターンで旅する。旅先で多いのは九州だが、北海道も印象的なシーンに事欠かない。

- ●封切り日　1979（昭和54）年8月4日
- ●上映時間　106分
- ●マドンナ　桃井かおり
- ●ゲスト　布施明、木暮実千代
- ●主なロケ地　北海道支笏湖

男はつらいよ 24

寅次郎春の夢

あらすじ 帝釈天《たいしゃくてん》境内で見慣れぬ外国人に話しかけられた御前様《ごぜんさま》、英語はからきしとあって、「とらや」に駆け込む。たまたま満男《みつお》の英語塾の先生（林寛《はやしひろ》子《こ》）とその母親・圭《けい》子《こ》（マドンナの香川京《かがわきょう》子《こ》）が居合わせた。

そのおかげで外国人は米国から薬のセールスにやってきたマイケル（ハーブ・エデルマン）と判明。なかなか商売がうまくゆかず、同情した一家は彼を下宿させる。

マイケルは気のいい外国人で、一家と打ちとけた頃、寅さんが帰ってきた。大のアメリカ嫌いの寅さんは大むくれ。そんな中、マイケルがさくらに「ただいま」のキスをしたことから、二人は大立ち回りを演じることに。

またぞろ未亡人の圭子に熱を上げる寅さんだが、彼女にはすでに意中の男性がいた。

見どころ 主役級としては珍しい外国人の登場で、日米の比較文化論が展開される。愛しているなら、はっきりと意思表示をするのが米国流。寅さんとは正反対だ。

- ●封切り日　1979（昭和54）年12月28日
- ●上映時間　103分
- ●マドンナ　香川京子
- ●ゲスト　ハーブ・エデルマン、林寛子
- ●主なロケ地　和歌山県、京都市、米国アリゾナ州

男はつらいよ 25

寅次郎ハイビスカスの花

あらすじ 柴又《しばまた》に帰ってきた寅さんに、リリー（マドンナの浅丘《あさおか》ルリ子《こ》）から速達が届く。「沖縄で歌っていて急病で入院。死ぬ前に一目、逢《あ》いたい」とつづってあった。驚いた「とらや」一同は、飛行機嫌いの寅さんを総がかりで説き伏せ、沖縄へ送り出した。

フライトでふらふらになりながら、取るものも取りあえず駆けつけてくれた寅さんを見て、リリーの大きな瞳に涙があふれた。献身的な看護で、病状は好転、退院の運びに。

二人は療養のため、小さな漁師町に部屋を借りた。寅さんは遠慮して、その家の息子・高《たか》志《し》（江藤潤《えとうじゅん》）の部屋で寝起きする。リリーが元気になるにつれ、無邪気に遊び回る寅さん。夫婦に似た感情を抱き始めたリリーには、女心を解さぬ寅さんがもどかしくてならない……。

見どころ リリー登場の3作目。病床のリリーのために、寅さんが大嫌いな飛行機に乗って沖縄へ駆けつける。本作のラストシーンは、シリーズ中で一、二を争う名場面。

- ●封切り日　1980（昭和55）年8月2日
- ●上映時間　103分
- ●マドンナ　浅丘ルリ子
- ●ゲスト　江藤潤
- ●主なロケ地　沖縄県内、長野県軽井沢町

男はつらいよ 26 寅次郎かもめ歌

あらすじ 北海道江差《えさし》町で売《ばい》をしていた寅さんは、仲間から同業の常《つね》が病死したと聞かされる。墓参りを思い立った彼は、常が暮らしていた奥尻《おくしり》島へ渡り、スルメ工場で働く常の娘・すみれ（マドンナの伊藤蘭《いとうらん》）と出会った。彼女の案内で墓に詣で、おのれの稼業の頼りなさを痛感する。

別れ際《ぎわ》、すみれは東京で働きながら勉強したいと言う。困っている者を放っておけない寅さんは、誘拐犯に間違えられながらも、すみれを柴又《しばまた》に連れてゆく。

タコ社長の口利きで仕事を見つけ、夜間高校の入試もクリアしたすみれ。その尻馬に乗って、寅さんも夜間高校の授業にまぎれこむ。そんなある日、すみれの恋人・貞男《さだお》（村田雄浩《むらたたけひろ》）が上京。すでに引き際《ぎわ》が来ていたのだった。

見どころ 夜間高校教師として松村達雄《まつむらたつお》が出演。存在感ある演技を見せ、後年の山田《やまだ》作品「学校」を連想させる。さくら夫婦が2階建ての家（築3年）を購入する。

- ●封切り日　1980（昭和55）年12月27日
- ●上映時間　97分
- ●マドンナ　伊藤蘭
- ●ゲスト　村田雄浩、松村達雄
- ●主なロケ地　北海道江差町・奥尻島

男はつらいよ 27 浪花の恋の寅次郎

あらすじ 瀬戸内のとある島の墓地で、ふみ（マドンナの松坂慶子《まつざかけいこ》）と出会った寅さん。その場はそれきりだったが、大阪の神社で売《ばい》をしている彼の前を、3人の芸者が通りかかった。その一人がふみだった。ここでも恋の病から一目惚《ひとめぼ》れした寅さんは、一緒にお寺参りをしたりと、心浮き立つ日々が過ぎてゆく。

ある日、生き別れになった弟がいるとふみから聞かされる。寅さんの勧めで弟の勤めている会社を探し当てたが、当人はすでに世を去っていた。その晩、寅さんの宿に酔ったふみが現れ、寅さんの膝にすがって泣きながら寝入ってしまった。

やがて柴又《しばまた》に戻った寅さんのもとに、ふみがやってくる。結婚して対馬で暮らすと知らせに来たのだった。

見どころ 大阪が主舞台になるのが見どころで、この時期の松坂慶子は輝くばかりの美貌だ。この作品から満男《みつお》役が、吉岡秀隆《よしおかひでたか》に代わったことも注目したい。

- ●封切り日　1981（昭和56）年8月8日
- ●上映時間　104分
- ●マドンナ　松坂慶子
- ●ゲスト　芦屋雁之助、大村崑
- ●主なロケ地　大阪府、奈良県生駒山、長崎県対馬

男はつらいよ 28

寅次郎紙風船

あらすじ 柴又《しばまた》小の同窓会でやりたい放題をしてのけた寅さん、柴又に居づらくなって九州へ。筑後川のほとりで、家出娘の愛子《あいこ》（岸《きし》本加世子《もとかよこ》）と知り合う。ケタはずれのはねっかえり娘だ。寅さんがフーテンと知って、どこへ行くにもまとわりついて離れない。

ある縁日で、テキ屋仲間のカラスの常三郎《つねさぶろう》（小沢昭一《おざわしょういち》）の女房・光枝《みつえ》（マドンナの音無美《おとなしみ》紀子《きこ》）が、寅さんの向かいでタコ焼きを売っていた。常は重い病に臥《ふ》しているという。

翌日、見舞いに行ったところ、常から「俺が死んだら、あいつを女房にしてくれ」と頼まれ、思わずうなずく。その後、光枝は上京して本郷の旅館で働く。寅さんが訪ねてみると、常は死んだという。あの約束はどうする？　律儀な寅さんは真剣に考え始める。

見どころ 本作のような、はねっかえり娘を演じさせたら岸本加世子はピカ一。寅さんと同宿してのやりとりのおかしさは無類。気がふさいだ時は、この場面をどうぞ。

- 封切り日　1981（昭和56）年12月28日
- 上映時間　100分
- マドンナ　音無美紀子
- ゲスト　小沢昭一、岸本加世子、地井武男
- 主なロケ地　大分県夜明温泉、福岡県甘木市（現・朝倉市）

男はつらいよ 29

寅次郎あじさいの恋

あらすじ 京都は鴨川べりで、寅さんは老人の下駄の鼻緒《はなお》をすげかえてあげる。喜んだ老人は、先斗《ぽんと》町の茶屋に寅さんを誘った。

泥酔した寅さんが目覚めると、そこはたいそうな豪邸。老人は人間国宝の陶芸家・加納作《かのうさく》次郎《じろう》（13代目片岡仁左衛門《かたおかにざえもん》）だと知る。が、寅さんは見栄も衒《てら》いもなく接し、加納もそんなフーテン男に心を許した。

寅さんは、この家で家政婦のかがり（マドンナのいしだあゆみ）を知る。彼女は未亡人で、娘を故郷の丹後・伊根《いね》に残して働いていた。

かがりは、居づらいことが起こって故郷に帰る。旅に出た寅さんが訪ねると、その夜、寝室にかがりが忍んできたが、寝たふりをして通した。後日、柴又《しばまた》へ戻った寅さんに会いにかがりが上京、鎌倉でデートをするのだが……。

見どころ シリーズも中盤にさしかかって、寅さんの恋愛は受け身が目立ってくる。そろそろ伴侶《はんりょ》をと願うファンは、絶好の機会を逃す寅さんが歯がゆいだろう。

- 封切り日　1982（昭和57）年8月7日
- 上映時間　109分
- マドンナ　いしだあゆみ
- ゲスト　片岡仁左衛門、柄本明
- 主なロケ地　京都府京都市・伊根町、神奈川県鎌倉市

男はつらいよ 30
花も嵐も寅次郎

あらすじ 大分県の湯平温泉の宿で、寅さんはチンパンジー飼育係の三郎《さぶろう》（沢田研二《さわだけんじ》）と出会う。三郎は、昔この宿で仲居をしていた母の供養をしようと遺骨を持ち込んでいた。たまたま同宿していたデパートガールの螢子《けいこ》（マドンナの田中裕子《たなかゆうこ》）らも一緒に焼香し、翌日はみんなで三郎の車でドライブとしゃれ込む。

ここで螢子に一目惚《ひとめぼ》れした内気な三郎は、唐突に「ぼ、僕と付きおうてくれませんか」と精一杯の告白をするが、返事はなかった。

三郎の車で「とらや」に帰り着いた寅さんは、恋の指南役を買って出る。ご親切にも螢子に三郎の気持ちを代弁してやり、その甲斐《かい》あって二人はめでたく結婚。寅さんはさくらに「二枚目はいいよな」と言い残して去る。少しは螢子に惚れていたのである。

見どころ 寅さんが三郎に口説きのテクニックを伝授する場面は絶品。沢田研二と田中裕子が共演後に結婚したのは周知の通り。シリーズ中、観客動員数3位の作品。

- ●封切り日　1982（昭和57）年12月28日
- ●上映時間　105分
- ●マドンナ　田中裕子
- ●ゲスト　沢田研二、内田朝雄
- ●主なロケ地　大分県湯平温泉、千葉県谷津遊園など

男はつらいよ 31
旅と女と寅次郎

あらすじ 柴又《しばまた》に帰った寅さん、一家が反対するのも無視して、満男《みつお》の運動会に参加すると言い出す。張り切ってパン食い競争の練習までするが、それでも皆が渋るのでまたまた大喧《おおげん》嘩《か》、トランク片手に旅へ。

佐渡島へ漁船で渡ろうとしていた寅さんに、同乗させてと声をかけた女がいた。大物歌手の京《きょう》はるみ（マドンナの都《みやこ》はるみ）だった。仕事に追いまくられて嫌気がさし、逃避行中なのだ。所属事務所の社長（藤岡琢也《ふじおかたくや》）が躍起《やっき》になって行方《ゆくえ》を捜すが、はるみは寅さんと気まま旅。が、至福の時は長くは続かなかった。

柴又に戻った寅さんのもとへ、はるみが訪ねてきたから町中が大騒ぎ。ミニリサイタルの大サービスだ。復帰したはるみを祝福しつつ、寅さんはあてどない旅へ。

見どころ 股旅《またたび》ものの演歌から童謡まで、なんでもござれの寅さん、本作では都はるみとデュエットする。持ち歌に「矢切《やぎり》の渡し」がある細川《ほそかわ》たかしが、矢切《やきり》の渡《わた》しのシーンで友情出演。

- ●封切り日　1983（昭和58）年8月6日
- ●上映時間　100分
- ●マドンナ　都はるみ
- ●ゲスト　藤岡琢也、細川たかし
- ●主なロケ地　新潟県佐渡島

男はつらいよ 32

口笛を吹く寅次郎

あらすじ 岡山県高梁《たかはし》市で営まれた博《ひろし》の父の三回忌法要。博、さくら、満男《みつお》が法要に参列すると、目を疑う事態が進行していた。何と読経しているのは寅さんなのである。何が起きているのか、今度は何をやらかすのかと、さくらたちは蒼白《そうはく》となる。

実は寅さんは住職（松村達雄《まつむらたつお》）に気に入られて寺に居つき、檀家《だんか》の評判も上々なのだが、お目当ては住職のバツイチ娘・朋子《ともこ》（マドンナの竹下景子《たけしたけいこ》）。寺の跡取りで朋子の弟・一道《かずみち》（中井貴一《なかいきいち》）と酒屋の娘・ひろみ（杉田《すぎた》かおる）の恋もからんで物語は進む。

一道はカメラマン志望で、寺を継ぐ気はない。寅さんの修行しだいで、養子に入って朋子と夫婦の道も。朋子もまんざらではないのだったが……。

見どころ 高梁が舞台となるのは、第8作「寅次郎恋歌」（1971年）以来12年ぶり。飛行機とは無縁の「とらや」一同とあって移動は鉄道。登場する鉄道の変遷も楽しい。

- ●封切り日　1983（昭和58）年12月28日
- ●上映時間　104分
- ●マドンナ　竹下景子
- ●ゲスト　中井貴一、杉田かおる、松村達雄
- ●主なロケ地　岡山県高梁市

男はつらいよ 33

夜霧にむせぶ寅次郎

あらすじ 釧路で理容師・風子《ふうこ》（マドンナの中原理恵《なかはらりえ》）と知り合った寅さん。根なし草の彼女に自分を重ね、旅の途中で一緒になった中年男（佐藤《さとう》B作《さく》）も加えて3人で旅を続ける。中年男の女房捜しに付き合った後、寅さんと風子は根室へ。ここで風子は曲芸オートバイ乗りのトニー（渡瀬恒彦《わたせつねひこ》）に声をかけられる。寅さんは地道な暮らしを説くが、風子は耳をかさない。

柴又《しばまた》に帰ってみると、風子と同棲しているトニーが、病床の風子が会いたがっていると伝えに来た。寅さんは風子を「とらや」に連れ帰り、トニーと別れるように勧める。しかし、風子はトニーに会うために飛び出してしまう。

やがて風子から便りが届く。真面目《まじめ》な男と結婚することになったのだという。結婚式にはさくら一家が参加、寅さんもやってきた。

見どころ タコ社長の娘・あけみ（美保純《みほじゅん》）が花嫁姿で初登場。輿《こし》入れ（結婚）する彼女を冷やかす野次馬にあかんべえをするなど、この作以降のじゃじゃ馬ぶりを発揮。

- ●封切り日　1984（昭和59）年8月4日
- ●上映時間　101分
- ●マドンナ　中原理恵
- ●ゲスト　渡瀬恒彦、佐藤B作、美保純
- ●主なロケ地　北海道釧路市・根室市・中標津町など

男はつらいよ 34

寅次郎真実一路

あらすじ 寅さんが上野の焼き鳥屋で意気投合したのは、証券マン・富永《とみなが》（米倉斉加年《よねくらまさかね》）。後日、ご馳走《ちそう》になったお礼に今度は寅さんが飲み屋に誘ったのだが、酩酊《めいてい》してしまい富永の自宅へ。翌朝、目覚めると昨日の顛末は頭になく、富永の妻・ふじ子（マドンナの大原麗子《おおはられいこ》）に「ここはどこ?」と聞く始末。美貌にドギマギした寅さんは、慌てて辞去した。

ある日、富永が失踪。寅さんは悲嘆にくれるふじ子を励まし、彼女とともに捜索の旅へ。指《いぶ》宿《すき》、枕崎、知覧と富永の郷里の鹿児島県内を歩き回る。日を重ねるにしたがって、ふじ子への思慕を募らせるが、人妻に懸想《けそう》することだけは自ら禁じてきた寅さんは、苦しむ。

やがて、富永は妻子のもとへ戻って、寅さんは苦悩から解放されるのだった。

見どころ 画面は薩摩路の美しい風景を映し出す。失われた日本の原風景を本作に見たファンは多いはず。ラストシーンの駅は、今は廃線となった鹿児島交通の伊作駅である。

- ●封切り日 1984（昭和59）年12月28日
- ●上映時間 106分
- ●マドンナ 大原麗子
- ●ゲスト 米倉斉加年、辰巳柳太郎、津島恵子
- ●主なロケ地 茨城県牛久沼、鹿児島県

男はつらいよ 35

寅次郎恋愛塾

あらすじ 寅さんはテキ屋仲間のポンシュウ（関敬六《せきけいろく》）と長崎・五島列島にやってきた。二人は手助けをした老婆に歓待されたが、老婆はその翌朝に急死。寅さんは孫娘の若菜《わかな》（マドンナの樋口可南子《ひぐちかなこ》）に一目惚《ひとめぼ》れしてしまう。

数日後、柴又《しばまた》に若菜から礼状が届くと、寅さんは宛名を頼りに失業中の若菜のアパートを訪れる。彼女のために寅さんが世話を焼く中、同じアパートに住む民夫《たみお》（平田満《ひらたみつる》）を知る。彼は司法試験を目指すが勉強が手につかない。若菜に夢中と察した寅さんは恋愛を指南した。

だが、寝不足と緊張がたたってデートは不首尾に終わる。失意の民夫は郷里の秋田へ帰ってしまったが、寅さんは自殺でもしないかと心配し、若菜、民夫の恩師（松村達雄《まつむらたつお》）とともに秋田へ。民夫を捜し当て、めでたしとなる。

見どころ シリーズに女たらしの青年は出てこない。そろって純情だ。民夫も同様である。ぶざまな彼らの恋愛模様を見つめる山田洋次《やまだようじ》監督の視線は温かい。

- ●封切り日 1985（昭和60）年8月3日
- ●上映時間 107分
- ●マドンナ 樋口可南子
- ●ゲスト 平田満、松村達雄
- ●主なロケ地 長崎県上五島、秋田県鹿角市

男はつらいよ 36

柴又より愛をこめて

あらすじ 夫婦仲がしっくりいかないあけみ(美保純《みほじゅん》)が家出。タコ社長はワイドショーに出演して、涙ながらに帰宅を呼びかける。ここで寅さんのテキ屋人脈が役立って、あけみは下田にいることが判明、寅さんが迎えに行く。

しかし、二人は帰宅どころか、海を渡って式根島へ旅立ってしまう。船中で島の小学校の卒業生たちと知り合い、島で彼らを出迎えた真知《まち》子《こ》先生(マドンナの栗原小巻《くりはらこまき》)に一目惚《ひとめぼ》れの寅さん。あけみを放ったらかしにして同窓会に参加。あけみもあけみで旅館の若旦那に惚れられる。

島から帰った寅さんは、ふぬけ同様のありさまである。東京で真知子に再会するも、彼女は亡くなった親友の夫(川谷拓三《かわたにたくぞう》)の求婚を受け入れ、寅さんの恋は空振り。

見どころ 木下惠介《きのしたけいすけ》監督「二十四の瞳」へのオマージュ作品。式根島の美しい風景の中、寅さんの恋が空回り。「釣りバカ日誌」の八郎《はちろう》役のアパッチけん(現・中本賢《なかもとけん》)も登場する。

●封切り日　1985(昭和60)年12月28日
●上映時間　104分
●マドンナ　栗原小巻
●ゲスト　川谷拓三
●主なロケ地　静岡県下田市、東京都式根島

男はつらいよ 37

幸福の青い鳥

あらすじ かつて筑豊炭鉱の拠点として賑《にぎ》わった飯塚は閑散としていた。ここには、寅さんが贔屓《ひいき》にしていた旅役者・坂東鶴八郎《ばんどうつるはちろう》が住んでいるはず。ところが、すでに他界していることがわかり、看板女優だった鶴八郎の娘・美《み》保《は》(マドンナの志穂美悦子《しほみえつこ》)と再会する。

やがて美保は、寅さんを頼って上京するが、あいにく旅稼ぎで留守。ひょんなことから看板職人の健吾《けんご》(長渕剛《ながぶちつよし》)と知り合う。画家になる夢を捨てきれない健吾は、展覧会に応募するものの落選。一方、美保は柴又《しばまた》のラーメン屋で働きながら健吾を励ますが、ヤケになった健吾は美保を抱こうとする。拒否した美保だが、健吾のことは憎からず思っている。

やがて婚約が調うと、寅さんは柴又をあとにするのだった。

見どころ 芝居小屋の清掃員役で出演するすまけいは、シリーズ後半でいぶし銀の演技を披露。笹野高史《ささのたかし》、イッセー尾形《おがた》らとともに貴重なバイプレーヤー。

●封切り日　1986(昭和61)年12月20日
●上映時間　102分
●マドンナ　志穂美悦子
●ゲスト　長渕剛、すまけい
●主なロケ地　山口県萩市、福岡県飯塚市

男はつらいよ 38 知床慕情

あらすじ おいちゃんの入院で店は休業中。寅さんが手伝おうとするが、まるで役に立たない。あげくの果てに喧嘩《けんか》をして店を飛び出す。

知床《しれとこ》にやってきた寅さんは、獣医の順吉《じゅんきち》（三船敏郎《みふねとしろう》）の車に同乗したことから、彼の家に厄介になる。偏屈で頑固な一人者だが、寅さんとはなぜか馬が合った。

順吉はスナックのママ・悦子《えつこ》（淡路恵子《あわじけいこ》）に世話を焼かれていた。そこへ駆け落ちするように出て行った娘・上野《うえの》りん子《こ》（マドンナの竹下景《たけしたけい》子《こ》）が離婚して戻る。バーベキューパーティーの席上、悦子が店をたたんで故郷へ帰ると宣言。このとき順吉は、勇を鼓《こ》して悦子への愛を不器用に告白した。感動した一同は「知床旅情」を合唱。その間、りん子は寅さんの手をしっかりと握っていた。りん子と寅さんの恋の行方は？

見どころ テキ屋の世界では、口上つきで売ることを啖呵売《たんかばい》という。本作では、札幌で印刷の飾り物のゴッホ「ひまわり」を売《ばい》。流れるような名調子をどうぞ。

- ●封切り日　1987（昭和62）年8月5日
- ●上映時間　107分
- ●マドンナ　竹下景子
- ●ゲスト　三船敏郎、淡路恵子
- ●主なロケ地　北海道札幌市・知床半島

男はつらいよ 39 寅次郎物語

あらすじ 「とらや」に少年・秀吉《ひでよし》（伊藤祐《いとうゆう》一郎《いちろう》）がやってきた。寅さんの商売仲間“般若《はんにゃ》の政《まさ》”とふで（五月《さつき》みどり）の子だ。政はとんでもない極道で、愛想をつかしたふでは秀吉を置いて家出。政が死を前に寅さんを頼れと言い残したので、秀吉が訪ねてきたのだった。

寅さんは義侠心《ぎきょうしん》を発揮し、秀吉を連れてふでを捜す旅に。奈良県吉野にたどり着いた晩、秀吉は旅疲れから高熱を発した。子育て経験がない寅さんは途方に暮れたが、隣室の隆子《たかこ》（マドンナの秋吉久美子《あきよしくみこ》）に助けられて看病する。夫婦と勘違いされるが意に介さない。つかの間、寅さんは3人家族を幻想する。

回復した秀吉を見届け、隆子は去る。秀吉はふでと再会。これで役目は終えたと、寅さんは秀吉と別れる。

見どころ ラスト近く、寅さんと秀吉の別離シーンは映画「シェーン」に似ている。離れたくないと泣く秀吉をこんこんと諭《さと》す寅さん。落ちこぼれの悲哀が胸に迫る。

- ●封切り日　1987（昭和62）年12月26日
- ●上映時間　101分
- ●マドンナ　秋吉久美子
- ●ゲスト　五月みどり、松村達雄
- ●主なロケ地　和歌山県和歌山市、奈良県吉野町、三重県伊勢・志摩

男はつらいよ 40

寅次郎サラダ記念日

あらすじ 信州・小諸《こもろ》駅前で、寅さんは一人暮らしの老婆と知り合い、山の麓の集落にある家に泊まった。翌朝、老婆を入院させるため女医・真知子《まちこ》（マドンナの三田佳子《みたよしこ》）が迎えに来た。渋っていた老婆も、寅さんの説得で入院する。これが縁で、彼は真知子の家に招かれた。家には、彼女の姪《めい》で早稲田大学に通う由《ゆ》紀《き》（三田寛子《みたひろこ》）もいた。聞くと真知子は未亡人。由紀は文学専攻で短歌が趣味。寅さんは真知子に恋をする。

柴又《しばまた》に戻った寅さんは、由紀を訪ねて早大生の茂《しげる》（尾美《おみ》としのり）を知る。数日後、真知子から電話がきて寅さんは有頂天。「くるまや」の面々は、真知子を温かく迎える。が、小諸の老婆が死去。落胆した真知子は病院を辞めると言い出すが、院長の説得で思いとどまる。

見どころ 寅さんが早稲田大学のてんぷら学生となり聴講するくだりが秀逸。講義の最中、蒸気機関の発明についてトンチンカンな質問をして、教室中が笑いの渦に包まれた。

●封切り日　1988（昭和63）年12月24日
●上映時間　99分
●マドンナ　三田佳子
●ゲスト　三田寛子、尾美としのり、鈴木光枝
●主なロケ地　長野県小諸市・松本市、長崎県島原市

男はつらいよ 41

寅次郎心の旅路

あらすじ 寅さんが乗っていた列車が急停車。心身症のサラリーマン・兵馬《ひょうま》（柄本明《えもとあきら》）の飛び込みだったが、間一髪のところで助かる。風のように自由な寅さんに接して元気になった兵馬は、一緒にウィーンへ行こうと言い出す。

飛行機が苦手な寅さんだが、兵馬の説得に根負け。だが、「音楽の都」も寅さんには猫に小判。てんで興味がわかず、兵馬と別行動していて迷子になったが、現地の観光ガイド・久美《くみ》子《こ》（マドンナの竹下景子《たけしたけいこ》）と、彼女の恩人のマダム（淡路恵子《あわじけいこ》）に助けられる。

寅さんは久美子とともにドナウ川のほとりを散策、望郷の念にかられて「大利根月夜」を歌う。久美子も日本に帰る決心をするが、恋人が空港で強く引き止め、彼女は帰国を断念。寅さんは、失意のどん底に。

見どころ 竹下景子はマドンナとして3度目の出演。久美子とマダムの前で「稼業はスパイみたいなもの」と自己紹介する寅さん。腹巻きに雪駄《せったば》履きとは“変なスパイ”。

●封切り日　1989（平成元）年8月5日
●上映時間　109分
●マドンナ　竹下景子
●ゲスト　柄本明、淡路恵子
●主なロケ地　オーストリア・ウィーン、宮城県栗原市

男はつらいよ 42
ぼくの伯父さん

あらすじ　諏訪家の一人息子・満男《みつお》は、高校は卒業したが、予備校に通う浪人生。高校時代の後輩・泉《いずみ》（マドンナの後藤久美子《ごとうくみこ》）のことが忘れられず、勉強がはかどらない。相談に乗った寅さんは満男に酒を飲ませて、二人ともグデングデンになってしまう。この問題で博《ひろし》と大喧嘩《おおげんか》した寅さんは柴又《しばまた》を出る。

満男もまた、恋と進学の悩みをかかえて博と大喧嘩。バイクで旅に出る。泉も水商売をしている母親に反発し、叔母・寿子《ひさこ》（マドンナの檀《だん》ふみ）を頼って佐賀の高校に通っていた。

恋心を募らせた満男が佐賀に向かうと、偶然、伯父さんと同宿。寿子の家でもてなされた寅さんは鼻の下を伸ばしかけるが、夫（尾藤《びとう》イサオ）ある身ではどうしようもない。満男と泉の再会をセッティングして佐賀を去る。

見どころ　本作以降、1年2作から1作の公開となり、満男の出番が多くなる。風来坊《ふうらいぼう》の寅さんに付き合っていると、方言を楽しめる。本作では佐賀弁を堪能できる。

- 封切り日　1989（平成元）年12月27日
- 上映時間　108分
- マドンナ　檀ふみ、後藤久美子
- ゲスト　尾藤イサオ
- 主なロケ地　茨城県袋田駅、佐賀県

男はつらいよ 43
寅次郎の休日

あらすじ　大学に合格した満男《みつお》のもとに、泉《いずみ》（マドンナの後藤久美子《ごとうくみこ》）が上京してきた。別居中の父・一男《かずお》（寺尾聰《てらおあきら》）に、もう一度やり直してと頼みに来たのだ。しかし、すでに転居していた。どうやら女性と暮らしているらしい。

あきらめきれない泉は、転居先の大分県日田市へ行くことに。見送りの満男も思わず新幹線に飛び乗ってしまう。一方、泉を連れ戻しに来た母親の礼子《れいこ》（マドンナの夏木《なつき》マリ）は行き違いとなり、寅さんとともに寝台特急で九州へ。礼子の色っぽさに参ってしまったのだ。

日田で父を捜し当てた泉は、幸福そうな様子を見守ることしかできなかった。ここで寅さんと礼子と合流し、家族のような一夜を過ごす。だが、翌朝、礼子と泉は置き手紙を残して帰ってしまい、寅さんと満男はがっかりする。

見どころ　夏木は、歴代マドンナの中でも、とびっきり色っぽい。その彼女と二人、一夜を寝台特急で過ごす寅さん。おあとは観《み》てのお楽しみ。

- 封切り日　1990（平成2）年12月22日
- 上映時間　105分
- マドンナ　夏木マリ、後藤久美子
- ゲスト　寺尾聰、宮崎美子
- 主なロケ地　大分県日田市、愛知県名古屋市

男はつらいよ 44

寅次郎の告白

あらすじ 満男《みつお》が思いを寄せる泉《いずみ》（マドンナの後藤久美子《ごとうくみこ》）が、就職のために上京。同じ頃、寅さんも帰ってきた。翌日、満男は、大手楽器店の就職試験に行く泉に付き添う。だが、家庭の事情が災いして不首尾。気落ちした泉は名古屋に帰る。さらに、母・礼子《れいこ》の再婚問題に悩んだ泉は、家出してしまう。

一方、寅さんは鳥取県の倉吉にいたが、ここで泉とバッタリ。泉からのハガキで所在を知った満男も鳥取へ向かい、3人は無事に砂丘で合流する。

寅さんは昔なじみの聖子《せいこ》（マドンナの吉田《よしだ》日出子《ひでこ》）が営む料理屋へ二人を案内する。寅さんを振って結婚した聖子だが、今は未亡人。皆が寝静まった深夜、二人は酒を酌み交わし、いいムードになったのだが……。

見どころ 恋の道の後輩である満男が、寅さんの恋愛観を分析。男には、きれいな花はそっとしておきたい派、奪ってしまう派の二通りあり、寅さんは前者だと。

●封切り日　1991（平成3）年12月23日
●上映時間　103分
●マドンナ　吉田日出子、後藤久美子
●ゲスト　夏木マリ
●主なロケ地　岐阜県恵那峡、鳥取県

男はつらいよ 45

寅次郎の青春

あらすじ 寅さんは、宮崎県の港町・油津で理容店の店主・蝶子《ちょうこ》（マドンナの風吹《ふぶき》ジュン）と知り合い、居候を決め込む。さながら髪結いの亭主だ。一方、東京のCDショップに就職した泉《いずみ》（マドンナの後藤久美子《ごとうくみこ》）は、頻繁《ひんぱん》に諏訪《すわ》家と往来していた。泉は友人の結婚式のため宮崎に行き、寅さんとバッタリ。そこへ蝶子がやってきて、慌てた寅さんは足を挫《くじ》く。寅さんのケガを口実に満男《みつお》も宮崎へ行く。

蝶子には竜介《りゅうすけ》（永瀬正敏《ながせまさとし》）という弟がいた。満男は、泉と竜介が親密そうなので心中穏やかでない。が、彼には婚約者がいると知って、とたんに機嫌を直す。

満男と泉が帰る日、寅さんも一緒にと言い出して、蝶子は不機嫌になる。彼を憎からず思っていたのだ。なのに、気付かない寅さん。

見どころ 寅さんと蝶子が出会うのは、油津の堀川運河に架かる石橋のたもとにある喫茶店。寅さんは旅先に九州を選ぶ傾向が強く、たくさんの石橋を渡る。九州は石橋の宝庫だ。

●封切り日　1992（平成4）年12月26日
●上映時間　101分
●マドンナ　風吹ジュン、後藤久美子
●ゲスト　永瀬正敏、夏木マリ
●主なロケ地　宮崎県日南市油津

男はつらいよ 46

寅次郎の縁談

あらすじ　大学4年の満男《みつお》、就活がはかばかしくなく、両親の干渉から逃げるように、高松行きのブルートレインに乗ってしまう。

数日後、寅さんが帰ってくると、捜しに行くことを安請け合い。満男からの小包を手掛かりに瀬戸内海の琴島へ渡る。しかし、満男は帰ることを拒む。看護師の亜矢《あや》（城山美佳子《しろやまみかこ》）に淡い恋心を抱いているからだ。

その晩、満男が世話になっている家に厄介に。そこで当主の善右衛門《ぜんえもん》（島田正吾《しまだしょうご》）と娘・葉子《ようこ》（マドンナの松坂慶子《まつざかけいこ》）を知る。

葉子は神戸で料理屋を経営していたが、病を得て島で療養中だという。どこか陰のある美しい葉子に舞い上がる寅さん。ミイラ取りがミイラになってしまったのだ。葉子も寅さんのやさしさにはだされるが……。

見どころ　寅さんの自戒の言葉。「満男、おじさんの顔をよーく見るんだぞ。わかるな。これが一生就職しなかった男のなれの果てだ。お前もこうなりたいか」

- ●封切り日　1993（平成5）年12月25日
- ●上映時間　103分
- ●マドンナ　松坂慶子
- ●ゲスト　島田正吾、光本幸子、城山美佳子
- ●主なロケ地　香川県志々島・高見島・琴平

男はつらいよ 47

拝啓車寅次郎様

あらすじ　浅草の靴メーカーに就職した満《みつ》男《お》に、滋賀県長浜市に住む大学の先輩・川井《かわい》（山田雅人《やまだまさと》）から「祭りに来い」との葉書が届く。出向いた満男は、川井の妹で男まさりの菜《な》穂《ほ》（牧瀬里穂《まきせりほ》）と揉《も》めるが、町を案内してもらううちに心が打ち解けてくる。

片や寅さんは、琵琶湖で撮影旅行中の人妻・典子《のりこ》（マドンナのかたせ梨乃《りの》）と出会う。そればかりか、ケガを負った彼女を骨接ぎに担ぎ込み、同宿するのである。そこで、冷たい夫婦関係を聞かされ同情するが、結局は夫が迎えに来て、寅さんの恋は儚《はかな》く終わる。満男の菜穂への思いも同じだった。

柴又に帰った寅さんと満男は互いの恋を語り合う。そして、満男は江ノ電の鎌倉高校前駅で寅さんを見送るのだった。

見どころ　祭礼や縁日が稼ぎ場の寅さんと旅していれば、おのずと祭りの通《つう》に。本作では、日本三大山車《だし》祭の一つ、長浜曳山《ひきやま》祭を存分に楽しめる。

- ●封切り日　1994（平成6）年12月23日
- ●上映時間　100分
- ●マドンナ　かたせ梨乃
- ●ゲスト　小林幸子、牧瀬里穂
- ●主なロケ地　滋賀県長浜市、神奈川県鎌倉市

男はつらいよ 48

寅次郎紅の花

あらすじ 音沙汰のない寅さんを心配していた「くるまや」一同、見ていたテレビに寅さんが映ってびっくり。大震災後の神戸でボランティアをしていたのだ。一方、泉《いずみ》（マドンナの後《ご》藤久美子《とうくみこ》）から結婚の知らせを受けた満男《みつお》はヤケになり、岡山県津山市に出向いて結婚式をぶち壊してしまう。

その足で加計呂麻《かけろま》島まで旅した満男は、親切な女性と出会う。何とリリー（マドンナの浅《あさ》丘《おか》ルリ子《こ》）ではないか。奇遇を喜んだのもつかの間、リリーは寅さんと同棲《どうせい》中で仰天。

寅さんとリリーは柴又《しばまた》におそろいで顔を出し、さくらを喜ばせるが、またもや大喧嘩《おおげんか》。リリーは帰ると言い出すが、寅さんは俺が送る、と一緒に出て行く。果たして、二人は添い遂げられるのか。

見どころ シリーズの区切りとなる作品。リリーは第25作以来となる4度目の登場となる。寅さんとリリー、満男と泉、二つの恋の行方はいかに……？

●封切り日　1995（平成7）年12月23日
●上映時間　107分
●マドンナ　浅丘ルリ子、後藤久美子
●ゲスト　夏木マリ
●主なロケ地　岡山県津山市、鹿児島県加計呂麻島

男はつらいよ 49

寅次郎ハイビスカスの花 特別篇

あらすじ 渥美清《あつみきよし》逝去の約1年後の公開。満男《みつお》が出張先の国府津《こうづ》駅ホームで寅さんの幻影を見かけるシーンや、過去の回想シーンを新たに追加した特別篇。ほかの部分は第25作「寅次郎ハイビスカスの花」と同じだが、音声をデジタル化し、映像をコンピュータで補整したリマスター版である。

寅さんにリリー（マドンナの浅丘《あさおか》ルリ子《こ》）から速達が届く。沖縄で歌っていて急病で入院、「死ぬ前に一目、逢《あ》いたい」とつづってあった。「とらや」一同は、飛行機嫌いの寅さんを総がかりで説き伏せ、沖縄へ送り出した。リリーの退院後、二人は療養のため、小さな漁師町に部屋を借りた。寅さんは、その家の息子・高志《たかし》（江藤潤《えとうじゅん》）の部屋で寝起きする。リリーは夫婦に似た感情を抱き始めるが……。

見どころ 満男が寅さんの幻影を見るシーン。伯父《おじ》さんを慕う満男の気持ちや、寅さんが満男を愛する気持ちが切々と伝わってくる。まるで白日夢のようである。

●封切り日　1997（平成9）年11月22日
●上映時間　106分
●マドンナ　浅丘ルリ子
●ゲスト　江藤潤
●主なロケ地　沖縄県内、長野県軽井沢町

男はつらいよ 50

お帰り 寅さん

2019年12月27日公開

あらすじ 「くるまや」の店舗は、新しいカフェに生まれ変わっている。一家は諏訪《すわ》満男《みつお》の妻の七回忌法要の後、カフェの裏手にある昔からの住居（現在は父・博《ひろし》、母・さくらが居住）で、思い出話に花を咲かせた。満男は会社勤めの間に書いた小説が認められて小説家となり、中学3年生の娘ユリとマンションで二人暮らしをしている。

ある日、新作のサイン会会場で、満男は初恋の人でかつて結婚の約束までした泉《いずみ》に偶然再会。泉はヨーロッパで国連難民高等弁務官事務所の職員として働いているはず。びっくりした満男は「君に会わせたい人がいる」と小さなJAZZ喫茶に連れて行った。すると経営者はなんと寅さんの恋人だったリリーである。20年以上も前に奄美《あまみ》大島《おおしま》で別れて以来の再会だ。3人が思い出すのは寅さんのことばかり。話すうちに満男と泉は、リリーから寅さんとの思いがけない過去の出来事を聞かされた……。

- 封切り日　2019（令和元）年12月27日
- 上映時間　116分
- 出演　渥美清／倍賞千恵子、吉岡秀隆、後藤久美子、前田吟、池脇千鶴、夏木マリ、浅丘ルリ子、美保純、佐藤蛾次郎、桜田ひより、北山雅康、カンニング竹山、濱田マリ、出川哲朗、松野太紀、林家たま平、立川志らく、小林稔侍、笹野高史、橋爪功

不世出《ふせいしゅつ》の喜劇役者・渥美清《あつみきよし》 68年の軌跡

遺作「寅次郎紅《くれない》の花」は、病魔と闘いながらの撮影となったが、
スタッフの間でも渥美清の闘病生活を知る人は少なかった。
偉大な役者の死は、荼毘《だび》にふされた後に発表され、日本中を驚かせた。

1928 ● 東京市下谷《したや》区（現・台東《たいとう》区）に生まれる。
1940 ● 巣鴨《すがも》中学に入学。小児関節炎を患う。12歳。
1945 ● カツギ屋で学費を稼ぎ、中央大学予科に入学。この頃、テキ屋の口上に魅せられる。17歳。
1948 ● この頃、大学を中退し地方劇団に参加する。20歳。
1950 ● 大宮《おおみや》日活館で下働き。ここで舞台デビュー。22歳。
1951 ● 浅草の百万弗《ひゃくまんどる》劇場に入座。谷幹一《たにかんいち》を知る。浅草ロック座などを渡り歩く。23歳。
1953 ● 父親に勘当される。生涯の親友・関敬六《せきけいろく》と出会う。浅草フランス座に移籍。25歳。
1954 ● 結核を患い、1956年までサナトリウムで暮らす。右肺摘出。26歳。
1957 ● フランス座に復帰。この年にテレビに初出演（NTV「すいれん夫人とバラ娘」）。29歳。
1959 ● 谷幹一、関敬六とトリオ「スリーポケッツ」を結成するが、2カ月で解散。31歳。
1960 ● テレビ出演が続き、人気が出始める。東宝「地の涯《はて》に生きるもの」に端役で出演。32歳。
1961 ● テレビ、ラジオのレギュラー出演が続く。森繁《もりしげ》劇団の旗揚げ公演に出演。33歳。
1962 ● コロムビアレコードからデビュー。フジテレビ「大番《おおばん》」に主演。34歳。
1963 ● 松竹「拝啓天皇陛下様」（監督：野村芳太郎《のむらよしたろう》）に主演。人気は不動のものとなる。35歳。
1964 ● 長期アフリカロケ映画、東京映画「ブワナ・トシの歌」（監督：羽仁進《はにすすむ》）に主演。36歳。
1966 ● TBSで「男はつらいよ」の原型とされる「泣いてたまるか」に主演。1968年まで続く。38歳。
1967 ● 東映に招かれ「喜劇・急行列車」（監督：瀬川昌治《せがわまさはる》）に主演。39歳。
1968 ● 山田洋次《やまだようじ》脚本、フジテレビの連続ドラマ「男はつらいよ」に主演。40歳。
1969 ● 松竹「男はつらいよ」が山田洋次監督で映画化。空前の長期シリーズがスタート。結婚。41歳。
1970 ●「男はつらいよ」ほかの演技でキネマ旬報主演男優賞、毎日映画コンクール男優主演賞を受賞。42歳。
1972 ● 渥美プロダクションを設立。芸術選奨文部大臣賞受賞。44歳。
1975 ● 日本映画テレビ製作者協会（現：日本映画テレビプロデューサー協会）特別賞受賞。47歳。
1980 ● 第25回ブルーリボン賞主演男優賞受賞。52歳。
1981 ● 日本アカデミー賞特別賞受賞。53歳。
1983 ●「男はつらいよ」が世界一の長寿映画として、ギネスブックに登録される。55歳。
1988 ● 紫綬褒章を受章。60歳。
1995 ● シリーズ区切りの作品、第48作「寅次郎紅《くれない》の花」が公開される。67歳。
1996 ● 8月4日、転移性肺がんで死去。国民栄誉賞受賞。68歳。

風に誘われて故郷の方角を振り返る
寅さんは今、どこを旅しているのだろうか？

第43作「寅次郎の休日」(1990年)。秋風に誘われるように故郷の方角を振り返る。寅さんはどんな土地に行っても地元の人々に胸襟を開き、貴重な思い出を残して去って行く。今、どこを旅しているのだろうか。

監修

川本三郎（かわもと・さぶろう）

1944年、東京生まれ。東京大学法学部卒。文芸評論家、映画評論家。朝日新聞社に入社。独立後は評論活動に専念。『荷風と東京「断腸亭日乗」私註』で読売文学賞、『大正幻影』でサントリー学芸賞。鉄道ファンとして知られ、神保町シアターの「日本映画に見る鉄道」の選者をつとめる。近著に『小説を、映画を、鉄道が走る』『「男はつらいよ」を旅する』『映画の中にある如く』などがある。

執筆

岡村直樹（おかむら・なおき）　第2章・第3章・第4章執筆

1948年、東京生まれ。慶應義塾大学卒。旅行作家。文学、音楽、映画、歴史、絵画、鉄道などを切り口に文化諸相を掘り下げる。フィールドワークを通して、『川の歳時記』『切り絵 利根川の旅』『川にきく一水辺の防人たちの物語 』『とっておきの里祭り』『「清張」を乗る』『江戸「仕事人」案内』などを上梓。自他共に認める寅さんファンで、関連著書に『寅さん 人生の伝言』『寅さんの「日本」を歩く』がある。

藤井勝彦（ふじい・かつひこ）　第1章・第5章執筆

1955年、大阪生まれ。歴史紀行作家・写真家。編集プロダクション・フリーポート企画代表を経て、2012年より著述業に専念。『邪馬台国』『世界遺産富士山を行く！』『中国の世界遺産』『三国志合戦事典』『写真で見る 三国志英雄たちの足跡』『図解 三国志』『図解 ダーティヒロイン』『世界の国ぐにビジュアル事典』『日本神話の「謎」を歩く』など、日中の古代史関連の書籍を多数出版している。もちろん、寅さんの大ファン。

装幀　石川直美（カメガイ デザイン オフィス）
本文デザイン　雉田哲馬
編集協力　町田てつ（天夢人）・藤田晋也
DTP　荒川さとし
編集　鈴木恵美（幻冬舎）
写真提供　松竹株式会社
特別協力　岡崎匡・城間祥子（松竹株式会社）

知識ゼロからの寅さん入門

2019年12月10日　第1刷発行

監　修　川本三郎
著　者　岡村直樹　藤井勝彦
発行人　見城 徹
編集人　福島広司

発行所　株式会社 幻冬舎
〒151-0051　東京都渋谷区千駄ヶ谷 4-9-7
電話　03-5411-6211（編集）　03-5411-6222（営業）
振替　00120-8-767643
印刷・製本所　近代美術株式会社

検印廃止

ISBN978-4-344-90340-1 C2095
Printed in Japan
幻冬舎ホームページアドレス　https://www.gentosha.co.jp/
この本に関するご意見・ご感想をメールでお寄せいただく場合は、comment@gentosha.co.jp まで。